高等职业教育通识课程精品教材

商务礼仪

主　编　吴丽蓉　张　进
副主编　姚启芳
参　编　赖志聪　陈清嫦　翁洁洵

北京理工大学出版社
BEIJING INSTITUTE OF TECHNOLOGY PRESS

内容简介

对于一名职场人士来说，除了具备全面的专业知识、优秀的营销能力和技巧之外，良好的商务礼仪也是必不可少的。本书根据高职院校工商管理、市场营销和电子商务等专业的毕业生所从事的销售岗、基层管理岗、客服代表岗、营销策划岗、运营推广岗等职位所需的商务礼仪常识、主要技能和礼仪修养，设计课程的内容和教学方式，让学生掌握商务活动的类型、商务活动的策划组织和商务场合的礼仪规范。主要内容包括职业形象礼仪、求职面试礼仪、商务会面礼仪、商务接待拜访礼仪、商务会议礼仪、商务宴请礼仪和国际商务礼仪等，培养学生商务礼仪的操作技能。本书可作为高等职业院校财经类、管理类专业的教材，也可作为企事业单位的培训教材。

版权专有　侵权必究

图书在版编目（CIP）数据

商务礼仪／吴丽蓉，张进主编．—北京：北京理工大学出版社，2021.7（2021.8重印）

ISBN 978 - 7 - 5682 - 8757 - 9

Ⅰ.①商… Ⅱ.①吴…②张… Ⅲ.①商务 - 礼仪 - 教材 Ⅳ.①F718

中国版本图书馆 CIP 数据核字（2020）第 132525 号

出版发行／北京理工大学出版社有限责任公司

社　　址／北京市海淀区中关村南大街 5 号

邮　　编／100081

电　　话／（010）68914775（总编室）

　　　　　（010）82562903（教材售后服务热线）

　　　　　（010）68944723（其他图书服务热线）

网　　址／http：//www.bitpress.com.cn

经　　销／全国各地新华书店

印　　刷／唐山富达印务有限公司

开　　本／710 毫米×1000 毫米　1/16

印　　张／7.75

字　　数／150 千字

版　　次／2021 年 7 月第 1 版　2021 年 8 月第 2 次印刷

定　　价／27.00 元

责任编辑／赵　磊
责任校对／周瑞红
责任印制／李志强

图书出现印装质量问题，请拨打售后服务热线，本社负责调换

前　　言

商务礼仪是高等职业院校市场营销、电子商务、工商管理等专业的专业基础课，根据这些专业的毕业生所从事的销售岗、基层管理岗、客服代表岗、营销策划岗、运营推广岗等职位，结合这些职业岗位所需的商务礼仪常识、主要技能和礼仪修养，对课程的内容和教学方式进行具体的调整和设计，让学生掌握商务活动的类型、商务活动的策划组织和商务场合的礼仪规范，是培养学生商务礼仪操作技能的实践性课程。本课程讲授商务活动各个场合应遵循的基本礼仪规范，是重能力、重应用、重素质的实用课程，有针对性地培养学生的职业能力和职业素养。

高等职业院校学生的职业能力包括职业道德、求职技巧、沟通表达能力和职业生涯规划能力，都是学生未来长期发展的关键能力。本课程在注重岗位技能培养的同时，也关注学生情商的发展，通过教学内容的合理编排和教学过程中的体验训练，提升学生的沟通能力和团队合作能力。在以职业能力为导向的课程体系设计的基础上，学习有关礼仪的基础理论知识；内强素质，外塑形象，提高学生在人际交往中的沟通技巧和能力。通过礼仪实训和情境式教学，让学生不仅知礼、懂礼，还要会习礼、用礼，训练规范的举止言行，培养学生良好的行为习惯，领会礼仪的根本是尊重与表达，懂得自尊自爱、尊重他人、友好相处，提高学生综合素质，为学生走入社会、与他人良好交际、顺利开展工作提供铺垫。对于一名职场人士来说，在具备全面的专业知识、优秀的营销能力和技巧之外，良好的商务礼仪修养也是必不可少的。

本教材的主要特点如下。

第一，创设情境，以情境设计引领课程主线。根据企业商务活动的主要场合和内容，设置了相应的学习情境，在具体的商务情境中运用商务礼仪，提高学生对商务礼仪课程的兴趣，增加课堂的趣味性。

第二，课程体系的设计以增进学生的就业力和软实力为主要课程目标。教学内容的设计涵盖商务礼仪的主要方面，能提高学生的礼仪修养和商务礼仪运用能力，使学生掌握常用的商务礼仪技巧，在工作岗位上能够表现出良好的商务人员个人形象，逐步形成良好的气质、风度和涵养，增强其适应社会和职业变化的能力，增强学生的就业力和软实力。

第三，采用实操手册，务求对实操性考核设计好完善的考核评分标准，在主要章节教学过程中安排相应的教学环节，将平时课堂参与讨论、课堂（外）作业、课堂实训和期末综合验收评估结合起来，注重对学生商务礼仪运用的全面考察。

第四，紧随信息化的教学改革趋势，在大数据时代和"互联网+"的背景下，逐步完善立体化教材，为精品课程建设和信息化教学做好相应的准备，适应教育信息化发展趋势，将立体化教材建设与教育教学改革融合起来，将信息化思想传递给学生，提升人才培养质量。

第五，课程设计上以职业能力为导向，课程内容的设计和课程目标都围绕学生工作岗位所需的工作技能确立，情境和项目、任务的设计也是按照商务活动来设计。

教材的编写上，从两个方面来把控。其一，通过开展专业调研和课程调研，了解学生和用人单位对人才技能的需求点，不断优化课程的设计和授课模式。通过历届毕业生和用人单位的反馈，进行详细的职业分析，按照实际工作岗位所需的关键能力训练学生，组织学生学习商务礼仪相关情境的理论和技能。同时，结合人才培养方案对本门课程的要求，提炼出本门课程所需教会学生的主要技能。其二，我们的教学团队每学期开课一个月后会通过网络问卷调查方式了解教学效果及学生的建议，授课过程中注重与学生交流，及时发现问题，及时调整教学方法和内容。最后一周再让学生反馈一个学期以来的学习感受，不断了解学生对教学过程的评价，为下一次的教学调整和改进提供充分的数据分析，改进授课方法，提高教学效果。

目　　录

模块 1　认识商务礼仪 ……………………………………………… (001)
　1.1　礼仪的内涵 ……………………………………………………… (001)
　1.2　商务礼仪的内涵 ………………………………………………… (005)

模块 2　职业形象礼仪 ……………………………………………… (011)
　2.1　职场仪容礼仪 …………………………………………………… (011)
　2.2　职场着装礼仪 …………………………………………………… (017)
　2.3　职场仪态礼仪 …………………………………………………… (021)

模块 3　求职面试礼仪 ……………………………………………… (026)
　3.1　认识面试 ………………………………………………………… (026)
　3.2　重视第一印象 …………………………………………………… (028)
　3.3　面试前、中、后期的礼仪 ……………………………………… (031)

模块 4　商务会面礼仪 ……………………………………………… (036)
　4.1　商务人员称呼和商务介绍礼仪 ………………………………… (036)
　4.2　握手礼仪 ………………………………………………………… (042)
　4.3　商务人员名片使用礼仪 ………………………………………… (045)

模块 5　商务接待拜访礼仪 ………………………………………… (049)
　5.1　商务人员拜访礼仪 ……………………………………………… (050)
　5.2　商务人员的接待礼仪 …………………………………………… (053)
　5.3　掌握商务人员的馈赠礼仪 ……………………………………… (057)
　5.4　赠送礼品的艺术性 ……………………………………………… (059)

模块6　商务会议礼仪 (063)
6.1　认识会议 (063)
6.2　会议服务礼仪 (073)
6.3　会议人员礼仪 (077)

模块7　商务宴请礼仪 (082)
7.1　中式宴会礼仪 (082)
7.2　西式宴会礼仪 (088)

模块8　国际商务礼仪概述 (098)
8.1　涉外交往的原则 (098)
8.2　部分国家的礼仪 (101)

模块9　知行合一：商务礼仪综合实训 (108)

参考文献 (115)

模块 1
认识商务礼仪

1.1 礼仪的内涵

情境导入

佩琪是某高等职业学院的毕业生,女,25岁,性格温和、稳重,在广州一家知名企业任职;乔治是某高等职业学院的大二学生,男,21岁,为人开朗直爽、风趣幽默,即将开始在广州一家知名的电商企业的实习和工作。作为一名职场新人,佩琪和乔治都希望加强自身的商务礼仪修养,并在未来的职业生涯中不断提高自我的礼仪修养。让我们和佩琪、乔治一起,开展我们的商务礼仪学习!

导入案例

曾子避席

曾子是孔子的弟子,有一次他在孔子身边侍坐,孔子问他:"以前的圣贤之王有至高无上的德行和精要奥妙的理论,用来教导天下之人,人们就能和睦相处,君王和臣下之间也没有不满,你知道为什么吗?"曾子听了,明白老师是要指点他最深刻的道理,于是立刻从坐着的席子上站起来,走到席子外面,恭恭敬敬地回答道:"我不够聪明,还请老师把这些道理教给我。"在这里,避席是一种非常礼貌的行为。当曾子听到老师要向他传授道理时,他站起身来,走到席子外向老师请教,是为了表示他对老师的尊重。曾子懂礼貌的故事被后人传诵,很多人都向他学习。

我们的任务

思考问题
(1) 礼仪的内涵是什么?
(2) 如何在不同的场合展示良好的礼仪修养?

(3) 在我们的商务礼仪课程中，师生的课堂礼仪有哪些？

我们的目标

（1）理解礼仪的历史渊源和内涵。
（2）掌握礼仪的基本原则。
（3）明确礼仪的重要性，做一个懂礼貌、讲礼仪的人。
（4）结合实际，说一说你在工作中对礼仪有什么样的体会和感想？应遵守哪些礼仪规范？

我们来学习

1.1.1 礼仪的历史渊源和内涵

礼仪作为从人类发展史中沉淀下来的一种文化，是伴随着原始宗教的产生而产生的，礼仪的演变和发展也展示了人类文明与智慧的光芒。中国是四大文明古国之一，素享"礼仪之邦"之美誉，礼仪文化源远流长。《荀子·修身》称："人无礼则不生，事无礼则不成，国家无礼则不宁。"礼仪传承沿袭的过程中不断变革，从历史发展的角度来看，其演变过程可以分为4个阶段。

1. 起源时期：夏朝以前（公元前21世纪前）

礼仪起源于原始社会，在原始社会中、晚期（约旧石器时代）出现了早期礼仪的萌芽。整个原始社会是礼仪的萌芽时期。当时的礼仪较为简单和虔诚，还不具有阶级性。内容包括：明确血缘关系的婚嫁礼仪；区别部族内部尊卑等级的礼制；为祭天敬神而确定的一些祭典仪式；一些在人们的相互交往中表示礼节和恭敬的动作。

2. 形成时期：夏、商、西周三代（公元前21世纪—公元前771年）

进入奴隶社会，统治阶级为了巩固自己的统治地位，把原始的宗教礼仪发展成符合奴隶社会政治需要的礼制，礼被打上了阶级的烙印。在这个阶段，中国第一次形成了比较完整的国家礼仪与制度，如"五礼"就是一套涉及社会生活各个方面的礼仪规范和行为标准。古代的礼制典籍亦多撰修于这一时期，如《周礼》《仪礼》《礼记》就是我国最早的礼仪学专著。在汉以后的两千多年历史中，它们一直是国家制定礼仪制度的依据，被称为"礼经"。

3. 变革时期：春秋战国时期（公元前771年—公元前221年）

这一时期，学术界形成了百家争鸣的局面，以孔子、孟子、荀子为代表的诸子百家对礼教进行了研究和发展，对礼仪的起源、本质和功能进行了系统阐述，第一次在理论上全面而深刻地论述了社会等级秩序划分及其意义。

孔子对礼仪非常重视,把"礼"看成是治国、安邦、平定天下的基础。他认为:"不学礼,无以立。""质胜文则野,文胜质则史。文质彬彬,然后君子。"要求人们用礼的规范来约束自己的行为,要做到"非礼勿视,非礼勿听,非礼勿言,非礼勿动"。倡导"仁者爱人",强调人与人之间要有同情心,要相互关心,彼此尊重。孟子把礼解释为对尊长和宾客严肃而有礼貌,即"恭敬之心,礼也",并把"礼"看作人的善性的发端之一。荀子把"礼"作为人生哲学思想的核心,把"礼"看成做人的根本目的和最高理想,"礼者,人道之极也"。他认为"礼"既是目标、理想,又是行为过程。管仲把"礼"看作人生的指导思想和维持国家的第一支柱,认为"礼"关系到国家的生死存亡。

4. 强化时期:秦汉到清末(公元前221年—公元1911年)

在我国长达两千多年的封建社会里,尽管在不同的朝代,礼仪文化具有不同的社会政治、经济、文化特征,但却有一个共同点,就是一直为统治阶级所利用,礼仪是维护封建社会等级秩序的工具。这一时期的礼仪的重要特点是尊君抑臣、尊夫抑妇、尊父抑子、尊神抑人。在漫长的历史演变过程中,它逐渐变成妨碍人类个性自由发展、阻挠人类平等交往、阻碍思想自由的精神枷锁。纵观封建社会的礼仪,内容大致有涉及国家政治的礼制和家庭伦理两类。

5. 现代礼仪的发展

辛亥革命以后,受西方资产阶级"自由、平等、民主、博爱"等思想的影响,我国的传统礼仪规范、制度受到强烈冲击。五四运动对腐朽、落后的礼教进行了清算,符合时代要求的礼仪被继承、完善、流传,同时接受了一些国际上通用的礼仪形式,新的礼仪标准、价值观念得到推广和传播。中华人民共和国成立后,逐渐确立以平等相处、友好往来、相互帮助、团结友爱为主要原则的具有中国特色的新型社会关系和人际关系。改革开放以来,随着我国与世界的交往日趋频繁,西方一些礼仪、礼节陆续传入我国,同我国的传统礼仪一起融入社会生活的各个方面,构成了社会主义礼仪的基本框架。许多礼仪从内容到形式都在不断变革,现代礼仪的发展进入了全新的发展时期。大量的礼仪书籍相继出版,各行各业的礼仪规范纷纷出台,礼仪讲座、礼仪培训日渐增多,人们学习礼仪知识的热情空前高涨。

"礼者,敬人也"。"礼"即尊重、表达。"礼"为基础,"仪"要得体。礼仪乃是"律己之规"与"敬人之道"的和谐统一。作为一个社会人,需要与他人打交道,而在人际交往的过程中,大家需要遵守共同的规则和制度。因此,在尊重自我和尊重他人的基础上,本课程将礼仪定义为:在一定社会结构中,在国际交往、社会交往和人际交往中,表示尊敬、善意、友好的方式、程序、行为、规范和惯用形式,以及实施交往行为过程中体现于语言、仪表、仪态、气质、风度等的外在表象。

训练项目1.1　案例讨论

今年春节你收到/派出的红包有多少呢？全国压岁钱/反向压岁钱地图大解读。

1.1.2　为何学礼仪？

1. 内强素质

礼仪是人们在生活和社会交往中约定俗成的规范，人们可以根据各式各样的礼仪规范，正确把握与外界的人际交往尺度，合理地处理好人与人的关系。如果没有掌握这些礼仪规范，往往会使人们在交往中感到手足无措，乃至失礼于人，闹出笑话。熟悉和掌握礼仪，能提升自身的素质和修养，使自己的待人接物恰到好处。言谈体现一个人的风度，举止体现一个人的素质。加强个人礼仪修养，可以丰富人的内涵，提高自身素质，进而更充分地实现自我。

2. 外塑形象

个人形象是礼仪的基础，也是人际交往中的基本要素，涉及仪容、仪表、仪态等方面。一个良好的个人形象是内在修养和素质的外在体现，不仅能散发个人魅力，有助于增进人际交往，也能带来更多的机遇，对事业起着推波助澜的作用。礼仪是塑造形象的重要手段。在社会活动中，交谈讲究礼仪，可以使人文明；举止讲究礼仪，可以使人高雅；穿着讲究礼仪，可以使人大方；行为讲究礼仪，可以使人更美好。

3. 增进交往

马克思说："人是全部社会关系的总和。"从这个意义上讲，人的和谐其实就是人与人之间关系的和谐，因为人际关系是人类社会生活中重要的关系。亚里士多德说："一个人若不与他人交往，他不是神就是兽。"在日常交往中，每一位参与者都必须自觉、自愿地遵守礼仪，用礼仪来规范自己在人际交往中的言行举止。

礼仪在人际关系中起着至关重要的作用。它一方面对每个个体起着规范作用，教导人们应该做什么、不应该做什么、如何去做，以及怎样做才是合乎规范的。同时，礼仪也在维护着人类历史发展传承中的一些为人所公认的、共同遵守的价值取向。比如，忠、孝、节、义、仁、爱、诚、信、平等、尊重、民主等。礼仪就是为了维护人类精神生活和社会生活中的这些属于"正值"的思想理念和行为准则的。另一方面，礼仪在人际关系中还起着调整、调节的作用。人际关系中难免会出现不和谐，甚至冲突的时候，礼仪的作用就是进行及时且适度的调整和调节。简言之，就是"礼之用，和为贵"。

1.1.3　怎样运用礼仪？

1. 尊重为本

尊重他人是教养，尊重自己是自信，尊重上级是天职，尊重同事是本分，尊重下级是美德，尊重客人是常识，尊重对手是风度。

2. 善于表达

不善表达容易引起误会。

3. 形式规范

讲不讲规范是个人素质问题，懂不懂规范是教养问题。

案例分析

程门立雪的故事

北宋的时候，有一个大学问家，名字叫杨时。杨时是一个非常有礼貌，也很谦虚好学的人。不管遇到什么的困难，他都想办法获得自己想要知道的知识。

40岁那年，有一次他和他的好朋友游酢提前约好了一起找程颐，程颐是当时很有名的一位大学问家。杨时和游酢走到程颐家的时候，得知程颐正好在家里睡觉。由于杨时是一位很懂礼貌的人，他觉得自己不应该在老师睡觉的时候去打扰老师，即便是自己很渴望马上学到知识。就这样，杨时和游酢两个人就安安静静地站在老师的门口，等待老师醒来。

过了一会儿，天空中渐渐地下起了鹅毛大雪，天气也开始变得很冷。雪越下越大，天越来越冷，但是老师还在睡觉。他们依然没有打扰老师，而是在大雪中等待。游酢因为寒冷的冬雪天气已经坚持不住了，有好几次想要把老师叫醒，但是杨时没有让他这么做。

两个人在大雪中坚持着，等待着老师醒来给他们讲解问题。当程颐睡醒的时候，发现门外站着两个"雪人"。

讨论

（1）此案例对你有哪些启发？

（2）给你的礼仪启示有哪些？

1.2 商务礼仪的内涵

我们的任务

思考问题

（1）商务礼仪的内涵是什么？

（2）商务礼仪的基本原则有哪些？

（3）商务礼仪的日常惯例有哪些？

我们的目标

（1）理解商务礼仪的内涵。
（2）掌握商务礼仪的基本原则。
（3）熟知商务礼仪的日常惯例。

我们来学习

1.2.1　商务礼仪的内涵

商务礼仪，是指商务人员在商务活动中为表示尊敬、善意、友好等而采取的一系列行为。商务礼仪有3个基本特征。

（1）规范性：标准化的要求。
（2）对象性：区分对象，因人而异。
（3）适用性：讲究场合，不同的场合有不同的礼仪。

1.2.2　商务礼仪的基本原则

1. 尊重原则

尊重原则是商务礼仪的核心原则，尊重是商务礼仪的情感基础。尊重包括尊重自我和尊重他人。每个人都有自己的人格尊严，并期望在各种场合中得到尊重。只有有自尊心的人才能尊重别人，也只有自信的人才能知道如何相信别人。人与人之间互相尊重和信任才能真正合作，才会使我们感到温暖和快乐。尊重好比是商务交往中的"绿灯"，能够引发他人的信任、坦诚等情感，缩短交往的心理距离。在商务礼仪中，要把握好尊重的原则，自尊和尊人兼而有之，方可做到不失礼。

2. 平等原则

平等原则指的是在商务场合中对所有人都要一视同仁、平等对待，不以貌取人、以才取人、以势取人、以物取人、以财取人。对于同事、上级、下级、客户等每一个交往对象都要恭敬友好，以礼相待，不能因其性别、民族、文化程度、职位、财富、社会地位等客观条件而把人分成不同等级。另外，也要平等视己，克服自卑心理。

3. 适度原则

适度的原则要求在不同的商务场合中应用商务礼仪时，不管是律己还是敬人，要做到：态度适度、谈吐适度、举止适度、关心适度、批评适度、距离有度。商务交往要恰到好处地把握好尺度，比如在接待客户的商务场合中要彬彬有礼，但不能低声下气、低三下四；要热情大方，又不能轻浮失礼、阿谀奉承。在应用商务礼仪时，过度或做得不够都不能真正赢得对方的尊重，交际和沟通的目的也就难以实现。掌握商务礼仪的适度原则，要依靠不断地历练与积累经验。

1.2.3　商务礼仪的日常惯例

1. 女士优先

女士优先的原则起源于欧洲中世纪的骑士之风，是传统的欧美礼节的基础，是国际社会公认的一项重要礼仪原则。女士优先不仅意味着顺序上的优先，也是指在一切社交场合，每一位成年男士都有责任和义务通过自身的言谈举止表现出对女士的尊重、照顾、关心和保护，这也是绅士风度和教养的体现。但是女士优先的原则主要适用于商务社交场合，在商务场合则不强调这一原则，在商务场合强调的是男女平等。

2. 遵守时间

守时就是最大的礼貌。遵守时间要求在商务活动中严格遵守一切与时间有关的约定，根据实际情况按时履行约定。遵守时间要从两个方面做到位：①事前邀约，在商务活动中为了表示对对方的尊重，应事先约定社交活动的起始时间，最大限度地考虑对方的意愿和安排；②按时赴约，在商务场合一定要遵守按时赴约的规范，即使遇到特殊状况，确属需要变更约定，也要及时、有效地和对方沟通，以便另行安排。

3. 尊重隐私

在商务活动中，要尊重对方的个性和隐私。维护其个人尊严就要尊重其个人隐私，因此不要随意谈论他人隐私，尽量避免公开谈论私人话题。不要主动打听对方的年龄、收入、婚恋、家庭、住址、籍贯、宗教信仰、政治见解等。

1.2.4　商务礼仪案例分析：越谦和，越接近高尚

黑格尔是学识渊博的德国哲学家，也是极谦和的人。有次朋友聚会，一位朋友问他："您一贯谦和的习惯是怎么养成的呢？"他没有直接回答，而是讲了小时候的一件事。有一天上午，父亲邀他一同到林间漫步，他高兴地答应了。父亲在一个弯道处停了下来，专心地听了一会儿，问黑格尔："孩子，除了小鸟的歌唱之外，你还听到了什么声音？"他仔细地听了一会儿，自信地回答："我听到了马车的声音。"父亲说："对，是一辆空马车。"黑格尔惊讶地问父亲："我们都没看见，您怎么知道肯定是一辆空马车呢？"父亲答道："从声音就能分辨出是不是空马车，因为马车越空，噪声就越大。"从此以后，黑格尔将父亲的话牢记在心。每当要粗暴地打断别人说话的时候，每当要自以为是、贬低别人的时

候,他都会想到父亲的提醒:"马车越空,噪声就越大。"

讨论

(1)此案例对你有哪些启示?

(2)从商务礼仪的角度如何解读?

实训手册:我们来操作

课后阅读:礼仪小故事

1. 目光与人品

有位企业经理讲过这样一件事情:"有一次,我同某销售公司经理共进午餐。每当一位漂亮的女服务员走到我们桌子旁边,他总是目送她走出餐厅。我对此感到很气愤,我感到自己受到了侮辱。心里暗想,在他看来,女服务员的两条腿比我要对他讲的话更重要。他并没有听我讲话,他简直不把我放在眼里。"

2. 仅仅因为一口痰吗?

这是一场艰难的谈判。一天下来,美国约瑟先生对于对手——中国某医疗机械的范厂长,既恼火又钦佩。这个范厂长对即将引进的大输液管生产线行情非常熟悉,不仅对设备的技术指数要求高,而且价格压得很低。在中国,约瑟似乎没有遇到过这样难缠而有实力的谈判对手。他断定,今后和务实的范厂长合作,事业是能顺利的。于是信服地接受了范厂长那个偏低的报价,双方约定第二天正式签订协议。天色尚早,范厂长邀请约瑟到车间看一看。车间井然有序,约瑟边看边赞许地点头。走着走着,突然,范厂长觉得嗓子不舒服,不由得咳了一声,便急急地向车间一角奔去。约瑟诧异地盯着范厂长,只见他在墙角吐了一口痰,然后用鞋底擦了擦,油漆的地面留下了一片痰渍。约瑟快步走出车间,不顾范厂长的竭力挽留,坚决要回宾馆。

第二天一早,翻译敲开范厂长的门,递给他一封约瑟的信:"尊敬的范先生,我十分钦佩您的才智与精明,但车间里你吐痰的一幕使我一夜难眠。恕我直言,一个厂长的卫生习惯可以反映一个工厂的管理素质。况且,我们今后生产的是用来治病的输液管。贵国有句谚语:人命关天!请原谅我的不辞而别……"

3. 老田鸡"退二线"

某局新任局长宴请退居二线的老局长。席间,服务员端上一盘油炸田鸡,老局长用筷子点点说:"喂,老弟,青蛙是益虫,不能吃。"新局长不假思索,脱口而出:"不要紧,都是些老田鸡,已退居二线,不当事了。"老局长闻听此言顿时脸色大变,连问:"你说什么?你刚才说什么?"新局长本想开个玩笑,不料说漏了嘴,伤了老局长的自尊,顿觉尴尬万分。席上的友好气氛尽被破坏,幸亏秘书反应快，连忙接着说："老局长，他说您已退居二线，吃田鸡不当什么事。"气氛才有点缓和。

4. 电话里的女高音

某杂技团计划于下月赴美国演出，该团团长小刘就此事向市文化局请示，于是他拨通了文化局局长办公室的电话。

可是电话响了足足有半分多钟时间，不见有人接听。刘明正纳闷着，突然电话那端传来一个不耐烦的女高音："什么事啊？"小刘一愣，以为自己拨错了电话："请问是文化局吗？""废话，你不知道自己往哪儿打的电话啊？""哦，您好，我是市歌舞团的，请问王局长在吗？""你是谁啊？"对方没好气地盘问。刘明心里直犯嘀咕："我是小刘，是杂技团的团长。""你跟我们局长什么关系？"关系？小刘更是摸不着头脑。

"我和王局长没有私人关系，我只想请示一下我们团出国演出的事。""出国演出？王局长不在，你改天再来电话吧。"没等小刘再说什么，对方就挂断了电话。

小刘感觉像是被人戏弄了一番，拿着电话半天没回过神来。

5. 如此吃相

在与自己的同事一道外出参加一次宴会时，小姜因为举止不文明，招致了大家的非议。

小姜当时在宴会上为了吃得畅快，在开始用餐之后便一而再、再而三地减轻自己身上的"负担"。他先是松开自己的领带，接下来又解开领扣、松开腰带、卷起袖管。到了最后，他竟然又悄悄地脱去了自己的鞋子。尤其令人感到不快的是，他在吃东西时，总爱有意无意地咂巴其滋味，并且其响声"一波未平，一波又起""一浪高过一浪"。

小姜在宴会上的此番作为，不仅令他身边的人瞠目结舌，而且也使他的同事们无地自容。

6. 拜访

小张是市外办的一名干事，有一次，领导让他负责与来本市参观访问的某国代表团进行联络。为了表示对对方的敬意，小张决定专程去对方下榻的酒店拜访。

为了避免仓促，他先用电话与对方约好了见面的时间，并且告之自己将停留的时间长度。随后，他对自己的仪容、仪表进行了修饰，并准备了一些本市的风光明信片作为礼物。

届时，小张如约而至。进门后，他主动向对方问好并与对方握手，随后做了简要的自我介绍，并双手递上自己的名片与礼品。简单寒暄后，他便直奔主题，表明自己的来意，详谈完后便握手告辞。

小张的表现符合拜会的常规礼仪，展示了他较强的个人素质。

训练项目 1.2　情景模拟之礼仪就在你身边

以小组为单位，联系实际，可运用手机进行网上搜索，选择某个生活或者工作场景，正面或者反面展示日常生活中的礼仪，从礼仪的角度加以一定的解说。每个小组的准备时间为 8 分钟。

训练项目 1.3　组建礼仪团队和正装搭配要求

人数：6~8 人。

原则：自由组合。

给团队命名和设立口号。

要求：实训过程每个人都全程参与，老师进行相应考核，一旦发现消极参与情况将取消该实训项目成绩。期末以团队为单位进行考核，请大家认真选择自己的团队伙伴。

目标：提高团队合作能力和自我管理能力。

训练项目 1.4　每位同学准备一套正装

男生的西装要求：身形搭配；颜色的选择要坚持"三色"原则、"三一"定律；面料的选择应考究；一般以没有图案为好。

女生的正装要求：面料一致，以冷色和暗色为主；适当点缀，款式多样；尺寸合身，裙子最长到达小腿中部，最短应在坐下时裙子向上缩离膝盖不超过 10 厘米。

模块 2

职业形象礼仪

2.1　职场仪容礼仪

情境导入

今天是佩琪到单位实习的第一天，她既紧张又兴奋。她不知道自己应该选择什么样的妆容才能打造一个良好的职业形象，才能更适合她从事的金融业。塑造一个良好的职业形象，我们先从仪容礼仪开始学习。

我们的任务

思考问题
（1）金融从业人员应该选择什么样的妆容？
（2）应该帮助佩琪设计一款什么样的妆容？

我们的目标

（1）懂得商务场合仪容礼仪的规范和要求。
（2）熟练运用商务场合仪容礼仪的技巧和要点。
（3）女生学会化职业妆。

我们来学习

导入案例

松下幸之助的眼镜

松下幸之助经常跟他的员工讲一件事，以强调注意仪容仪表的重要性。

很久以前，松下幸之助接到一封从北海道的札幌市寄来的信件，内容大致为："我是一个眼镜商人，前几天在杂志上看到了您的照片，认为您所佩带的眼镜不大适合您的脸形，希望我能为您服务，替您重配一副好眼镜。"松下幸之助认为这位特地从北海道写信给我的人，必定是位非常热心的商人，于是寄了一张谢函给他。后来，松下幸之助将这件事情忘得一干二净。由于应邀到札幌市演讲，不久他终于有机会一游北海道。演讲完毕之后，那位寄信给他的眼镜商人立刻要求与他见面。那个人大约60岁，当时，他对松下幸之助说："您的眼镜跟那时候的差不多，请让我替您另配一副吧。"松下幸之助听了吃了一惊，被他的热诚所感动，便说："一切就拜托您了。"

那天晚上，松下幸之助在旅馆的大厅跟几个人洽谈业务。那位商人再度来找他，并且不断地找话题与他聊天。大约花了一个钟头，才完成测量脸部的平衡、戴眼镜的舒适感以及检查现在所使用的眼镜度数，并且说16天之后将眼镜送来。临别时，他对松下幸之助说："您所戴的眼镜好像是很久以前配的，说不定您现在的视力已经改变了。假若不麻烦的话，请您驾临本店一趟，只要花费10分钟的时间就可以了。"10分钟并不妨碍行程，于是松下幸之助跟那个人约好在回大阪之前去他的店铺拜访。

翌日，上飞机之前，松下幸之助来到了那个人的店铺。那间店铺位于札幌市类似东京银座或是心斋桥的繁华街道上，站在店铺之前，宛如置身眼镜百货公司。松下幸之助被招待进入店内之后，注意到店里大约有30位客人正看着大型电视机，耐心地等待着。尤其让他佩服的是，那些只有在二三十年代才看得见的年轻店员的敏捷的动作以及待人周到的礼仪，的确让人信服，他们老板则在店内四处穿梭不停。松下幸之助走近他的身边说："您的事业这么繁忙，竟然在看到杂志之后马上写信给我。我认为您的用意不只是为了做生意，到底是什么原因呢？"老板笑着对他说："因为您经常出国，假如戴着那副眼镜，外国人会误以为日本没有好的眼镜行。为了避免日本受到这种低估，所以我才写信给您。"听了这番话，我直觉地认为他是世界一流的眼镜商。

仪容，即一个人自然的外在容貌。在商务交往中，我们首先展示给对方的是外表形象而非内心世界，因此，个人仪表是形成良好商务形象的基本要素之一。

每个人的仪容形象很大程度上是天生的,但是良好的商务礼仪修养有赖于后天的塑造。在商务活动中,对仪容进行恰到好处的修饰和美化,更能展示个人的独特气质与品位。

职场仪容礼仪有3点的基本要求。

第一,仪容的自然美。拥有美丽的外貌自然让人赏心悦目,但是,如果没有较好的外貌,通过自我修饰,也能获得美丽的外表。

第二,仪容的修饰美。仪容的修饰美是指通过专业的修饰技巧对仪容进行适当的修饰、美化,塑造出美好的个人形象。这样,有利于在人际交往中显得自信,给他人留下良好的印象,也是对他人的尊重。

第三,仪容的内在美。仪容的内在美是指通过努力学习,不断提高个人的文化素养、艺术修养和思想道德水准,培养自己高雅的气质,做到有品位、有内涵。

2.1.1 眉形的修饰和美化

眉毛能决定一个人的脸型甚至是气质。眉形的修饰,首先讲究的是自然优美,在此基础上进行适当的美化和修饰。在眉形的修饰过程中,注意脸型与眉形的协调,二者一定要搭配。

眉形的修饰如图2-1所示。眉形和脸型的搭配如图2-2所示。

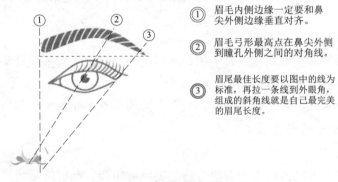

图2-1 眉形的修饰

2.1.2 发型的选择和修饰

商务人员在选择发型时必须考虑本人的职业、性别、年龄、脸型、体形等。

脸型是决定发型的重要因素之一,而发型由于其可变性又可以修饰脸型。前者是发型与脸型的协调配合,后者是利用发型来弥补脸型的缺陷。

1. 发型修饰脸型

用发型修饰脸型的方法如下。

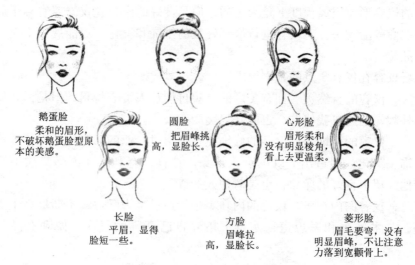

图2-2 眉形和脸型的搭配

（1）衬托法。

利用两侧鬓发和顶部的一部分改变脸部轮廓，削弱原来瘦长或宽胖头型和脸型的视觉。

（2）遮盖法。

利用头发来组成合适的线条或块面，以掩盖头面部某些部位的不协调及缺陷。

（3）填充法。

利用宽长波浪发来填充细长头颈，还可借助发辫、发鬟来填补头面部的不完美之处，或缀以头饰来装饰。

对于职场女性，要文雅、端庄，头发要梳理整齐，原则上不扎马尾。

2. 不同脸型的发型选择

（1）长脸型。

将头发留至下巴，留点刘海或将两颊头发剪短些，都可以缩短脸的长度而加强宽度感；也可将头发梳成饱满柔和的形状，使脸有较圆的感觉。一般而言，自然、蓬松的发型能给长脸人增加美感。

（2）方脸型。

头发宜向上梳，轮廓应蓬松些，不宜把头发压得太平整；耳前发区的头发要留得厚一些，但不宜太长；前额可适当留一些长发，但是不宜过长。

（3）圆脸型。

这样的脸型常会显得孩子气，所以发型不妨设计得老成一点，头发可分成两边而且有一些波浪，这样，脸看起来不会大圆；也可将头发侧分，短的一边向内略遮一颊，较长的一边可自额顶做外翘的波浪，这样可拉长脸型。这种脸型一般不宜留刘海。

（4）椭圆脸型。

这是女性中最完美的脸型，采用长发型和短发型都可以，但应注意尽可能把脸显现出来，突出这种脸型协调的美感，而不宜用头发把脸遮盖过多。

2.1.3　商务职员的仪容标准

商务职员的仪容应庄重、保守，展示性别美。

1. 商业女职员

发型应体现文雅、庄重；化淡妆，面带微笑；着正规套装或工作服，大方、得体；指甲不宜过长，并保持清洁，指甲油须涂自然色；裙子长度适宜；肤色丝袜，无破洞（备用袜）；鞋子光亮、清洁；全身服饰颜色在3种以内。

2. 商业男职员

头发宜留短发并保持清洁，整洁但不用太新潮；精神饱满，面带微笑；每天刮胡须，饭后洁牙；白色或单色衬衫，领口和袖口无污迹；领带紧贴领口，系得美观大方；西装平整、清洁有裤线；指甲短并保持清洁；皮鞋光亮，着深色袜子，全身服饰颜色3种以内。

2.1.4　商业女性的美容化妆礼仪

1. 两个基本原则

（1）自然原则。强调自然美，要以淡雅的妆容给人留下深刻的印象。

（2）协调原则。强调整体效果：全身协调、身份协调、场合协调。

2. 合乎礼仪的3个"不要"

（1）不要在他人面前化妆。

（2）不要借用他人的化妆品。

（3）不要非议他人化妆。

3. 化淡妆的基本步骤

打粉底→化眼线→施眼影→描眉形→上腮红→涂唇彩→喷香水。

4. 职业妆需要的化妆用品及工具

化妆用品：隔离霜、粉底液、蜜粉、睫毛膏、眼线笔、眼影、腮红、口红。

化妆工具：化妆棉、化妆海绵、眼影刷、睫毛夹。

2.1.5　商业男性的美容化妆礼仪

美容并非女性的专利，男性也需要用美好的仪容获得他人的喜爱。当然，身为男士，美容方法需要有别于女性的纤柔。

男士以干净整洁为美，化妆要淡而又淡，戒掉损害仪容的坏习惯。

2.1.6 仪容中的细节

（1）坚持洗脸，勤洗澡。

（2）去除分泌物。

（3）定时剃须。

（4）保持手部卫生。

（5）保持口腔卫生。

（6）保持头发整洁。

实训手册：我们来操作

训练项目2.1 初学化妆需要准备的工具

化妆每个步骤所需要用到的工具如下。

处理：修眉刀。

清洁：洗面奶。

护肤：爽肤水（可用化妆棉擦拭）、精华素（可有可无）、乳液（冬天可换成面霜）、润唇膏。

底妆（用化妆海绵或手指面擦拭）：隔离霜（妆前乳）、粉底液（定妆粉饼再压一下防止后面脱妆快）、遮瑕膏或乳、唇线笔、睫毛夹。

彩妆：眼线笔、睫毛膏（初次学习可在眼睛下垫餐巾纸或卡片以防粘到手上）、睫毛刷（梳理睫毛）、棉签（沾水用于去除不当的眼线和睫毛膏，或用于眼影晕染）、眉笔（眉刷可有可无）、眼影（眼影刷）、腮红（最好用大刷子，效果比较自然）、唇彩（唇彩刷）、散粉（或定妆粉饼）。

出门随身携带粉饼、唇彩、睫毛膏、棉签、小镜子、护手霜，方便补妆、润手就行。

卸妆：卸妆油、洗面奶、化妆棉（沾卸妆油）。

护理：面膜、爽肤水、精华素（可有可无）、晚霜、化妆棉。

训练项目2.2 为佩琪设计一款适宜的职业妆

（1）准备化妆用品。

（2）教师进行示范。

（3）学生模仿练习。

（4）学生的化妆效果展示。

2.2 职场着装礼仪

情境导入

乔治站在穿衣镜前，想起了昨天尴尬的经历。昨天，他陪总经理参加一个画展开幕式。参加的人员都西装革履，风度翩翩，而自己的一身打扮实在有失体面：没有裤线，忘戴领带，上衣的口袋翻着，鞋子脏兮兮的还变了形。乔治开始发愁今天上班该怎么着装。

此时，佩琪化好妆，打开了衣橱，有心爱的短裤和迷你裙，以及漂亮的吊带装，还有韩式风格的连衣裙、帅气的牛仔装，以及各种款型、材质的半身裙、裤子、衬衣、外套。她该怎样搭配才符合商务人员的着装规范呢？

我们的任务

思考问题
（1）乔治在画展上为什么会有尴尬的感觉？
（2）男士西装主要适应的场合有哪些？
（3）穿着西装时应注意哪些问题？
（4）佩琪的衣柜里有合适的服装吗？
（5）商业女士套装的选择应遵循哪些原则？
（6）金融从业人员应该选择什么样的着装？
（7）设计一款乔治陪同老板参加画展的服饰；设计一款佩琪上班的服饰。

我们的目标

（1）懂得商务场合仪表礼仪的规范和要求。
（2）熟练运用商务场合仪表礼仪的技巧和要点。

我们来学习

导入案例

美国总统竞选

尼克松与肯尼迪之争

1960年，尼克松参加总统竞选，当时他是副总统，已是大多数美国人熟识的政治家。他反应敏捷，善于表达，富有政治经验又具有坚强的毅力。

在竞选前夕的民意测验中，尼克松以50%比44%的多数票领先于肯尼迪。竞选过程中，尼克松与肯尼迪要面对美国电视观众展开辩论。这次电视辩论是第一次向全国选民直播，尼克松恰好在辩论前不久发生车祸被撞伤膝盖，致使身体消瘦，屏幕上的尼克松服装显得过于宽大松垮，灯影又使他看上去眼窝下陷，疲惫憔悴。

可此时的肯尼迪则正好相反，他高大魁梧，衣着大方，精神饱满。结果，肯尼迪以美国历史上最微弱的总统竞选差额49.9%比49.6%取得了胜利。

思考题：请问这次竞选是不是以貌取人？为什么？

2.2.1 男士西装的着装礼仪

1. 西装的选择

面料力求高档，颜色宜为单色、深色调，尺寸合身，做工精良，衬衫、鞋袜、领带要与西装相配。

2. 西装的穿着要求

熨烫平整，不倦不挽。配好衬衫，少穿内衣。

系好领带，必穿皮鞋。巧系纽扣，少装东西。

2.2.2 女士套装礼仪

1. 着装的规则

（1）TPO原则。

T、P、O分别是Time、Place、Occasion三个单词的首字母。T指时间，泛指早晚、季节、时代等；P代表地方、场所、位置、职位；O代表目的、目标、对象。TPO原则是目前国际上公认的衣着标准，遵循这个原则，着装就是合乎礼仪的。

（2）整体性原则。

正确的着装能起到修饰形体、容貌等作用，形成和谐的整体美。服饰的整体美包括人的形体、内在气质和服饰的款式、色彩、质地、工艺及着装环境等。

(3) 个性化原则。

着装的个性化原则，主要指依个人的性格、年龄、身材、爱好、职业等着装，力求反映一个人的个性特征。选择服装因人而异，着重点在于展示所长，遮掩所短，显现独特的个性魅力和最佳风貌。

(4) 整洁原则。

在任何情况下，服饰都应该是整洁的。衣服不能沾有污渍，不能有绽线的地方，更不能有破洞，扣子等配件应齐全。衣领和袖口处尤其要注意整洁。

(5) 协调原则。

1) 着装要满足不同社会角色的人物的需要。人们的社会生活是多方面、多层次的，在不同的场合有不同的社会角色，因此要根据不同角色选择不同的着装。

2) 着装要和肤色、形体、年龄相协调。比如，较胖的人不要穿横条纹的衣服，肩胛窄小的人可以选择有衬肩的上衣，颈短的人可选择无领或低领款式的上衣，中老年妇女不宜穿超短裙。

3) 着装还要注意色彩的搭配。色彩搭配的方法有两种，即亲色调和法和对比色调和法。亲色调和法是将色调近似但深浅浓淡不同的颜色组合在一起。对比调和法是将对比色进行搭配，使之对立，既突出各自的特征，又能相映生辉。

2. 穿着的色彩搭配

(1) 色调。

1) 暖色调：红、橙、黄。

红色：代表热情、开朗、积极和自信。

粉红色：代表温柔、甜美和喜悦。

橙色：代表愉快、健康和活力。

黄色：代表年轻、聪明、开朗和自信。

2) 冷色调：绿、蓝、紫。

绿色：代表平静、清新和安详。

蓝色：代表理性、沉静、务实和中规中矩。

紫色：代表优雅、神秘、灵性、古典和高贵。

褐色：代表典雅、平和、友善和亲切。

3) 中和色调：黑、白、灰（安全色）。

黑色：代表权威、高雅、低调、内敛和执着。

灰色：代表诚恳、沉稳、成功、认真和智慧。

白色：代表纯洁、无私、善良和信任。

(2) 色彩搭配技巧。

搭配技巧一：掌握主色、辅助色、点缀色的用法。主色就是占据全身色彩面积最大的颜色，占全身面积的60%以上就算主色。通常，主色单品都是套装、风衣、大衣、裤子或者裙子等外套类型的服饰。点缀色一般只占到全身面积的5%~15%之间，通常是以饰品的形式存在，可以起到画龙点睛的作用。

搭配技巧二：色系的搭配。暖色系的颜色除了黄色、橙色、橘红色之外，所有以黄色为底色的颜色都是暖色系的。暖色系一般会给人华丽和朝气蓬勃的感觉，而适合与这些暖色系搭配的有无彩色系，除了黑白这两个经典色，还可以使用驼色、棕色、咖啡色。主要以蓝色为底的七彩色都是冷色，而与冷色基调搭配和谐的无彩色是黑、灰色，避免与驼色、咖啡色搭配。

搭配技巧三：有层次地运用色彩的渐变搭配。可以只选用一种颜色，利用不同的明暗搭配，给人和谐并有层次的韵律感；也可以将不同颜色、相同色调搭配，同样也能给人和谐的美感。

搭配技巧四：运用小件饰品装点。如果衣服色彩并不是很丰富，那么可以用一些饰品点缀，让颜色并不丰富的服装能够每日推陈出新。

搭配技巧五：上呼下应的色彩搭配。首先，全身色彩以3种颜色为宜。当并不十分了解自己穿衣风格的时候，身上的衣服就不要超过3种颜色。一般整体颜色越少，越能体现优雅的气质，并且还会给人利落和清晰的印象。其次，全身服饰色彩的搭配注意避免一比一，尤其是穿着的对比色，一般是以三比二或者五比三为宜。

3. 女士套裙的着装礼仪。

套裙是职业女性正式场合的正装。穿着套裙，可以很好地表现女性端庄、典雅、高贵的气质，因而成为职场女性的规范衣着。女士套裙的着装礼仪主要有以下几点。

（1）面料一致，以冷色和暗色为主。

（2）适当点缀，款式多样。

（3）尺寸合身。裙子的长度应以最长到达小腿中部，最短应在坐下时裙子向上缩离膝盖不超过10厘米为宜。

套裙搭配有以下技巧。

（1）衬衫搭配。

衬衫面料要求轻薄，可选真丝、麻纱、府绸、花瑶布、涤棉等。衬衫色彩要求雅致而端庄，不能过于鲜艳，常见的是白色。

（2）鞋袜搭配。

首先，袜子可以选用尼龙丝袜或羊毛袜。颜色以肤色、黑色、浅灰、浅棕等为主，肤色最佳，单色为主，高筒袜和连裤袜是套裙的标准搭配。用来和套裙配套的鞋子应该是皮鞋，并且黑色最好。

（3）饰品搭配。

女士在选择佩戴饰品的时候，需要注意的是：商务礼仪的目的是体现出对他人的尊重。女士可以从两方面来体现：一方面是修饰物，另一方面是商务物品。在这两个方面中，修饰物应该尽量避免过于奢华。

2.2.3 饰物的佩戴

两类不戴：第一类，炫耀自己财富的首饰不能戴，即珠宝类首饰一般不戴；第二类，炫耀女性魅力的首饰不能戴，如脚链和耳环。

两条原则：第一条，就是数量的原则不超过3件；第二条，要符合质地和色彩搭配的原则。

2.3 职场仪态礼仪

情景导入

乔治到办公室后，部门的张经理要他到总经理办公室取一份文件。乔治气喘吁吁地跑到总经理办公室，一屁股坐在沙发上，跷起二郎腿。总经理见状，冲他直皱眉头，乔治见总经理不说话，也很尴尬。你能帮他改正错误吗？

我们的任务

思考问题
（1）乔治在总经理办公室为什么会感到尴尬？
（2）乔治在接到领导通知后哪些地方做错了？
（3）设计并演示乔治在这一情景中正确的仪态。

我们的目标

（1）懂得商务人员站、走、坐姿的规范和要求。
（2）学会商务人员站、走、坐姿。
（3）熟练运用商务场合的站、走、坐姿。

我们来学习

2.3.1 商务人员站姿、走姿、坐姿礼仪

1. 站姿

抬头，领额，挺胸，收腹，提臀。

注意事项：不要歪脖、斜腰、挺腹、屈腿，动作适度，不可夸张、过大或紧张。

课堂实训：以小组为单位，练习站姿。

2. 坐姿

入座时要轻，至少要坐满椅子的2/3，后背轻靠椅背，双膝自然并拢（男性可略分开）。身体稍向前倾，表示尊重和谦虚。

男职员可将双腿分开略向前伸，如长时间端坐，可双腿交叉重叠，但要注意将上面的腿向内回收，脚尖向下。男性的坐姿有前伸式、侧身前伸式、重叠式、标准式等。

女职员入座前应先将裙角向前收拢，两腿并拢，双脚同时向左或向右放，两手叠放于腿上。如长时间端坐，可将两腿交叉重叠，但要注意上面的腿向回收，脚尖向下。女性的坐姿有斜放式、叠放式、前伸后曲式、正襟危坐式、双脚交叉式。

坐姿也有美与不美之分，以下为错误的坐姿：

课堂实训：坐姿训练，小组演练，小组表演。

3. 走姿

行走要点：步履自然、轻盈、稳健，抬头挺胸，肩膀放松，两眼平视，面带微笑。

注意事项：不能左顾右盼、左右摇摆、摇头晃脑、步幅过大。

课堂实训：坐姿训练，小组演练，小组表演。

2.3.2 商务人员蹲姿、手势礼仪

1. 蹲姿

在拾取低处的文件时，应保持大方、端庄的蹲姿。一脚在前，一脚在后，两腿向下蹲，前脚全着地，小腿基本垂直于地面。后脚提起，脚掌着地，臀部向下，如图2-3所示。

课堂实训：蹲姿练习。

图 2-3 正确蹲姿

2. 手势

手是形体礼仪中最重要的部分，手势也是人们交往时不可缺少的动作，是最有表现力的一种形体语言。手势是一种动态语，要求运用恰当。如在给客人指引方向时，要把手臂伸直，手指自然并拢，手掌向上，以肘关节为轴，指向目标。不同的手势，表达不同的含意。那么在运用手势的时候要注意什么呢？

一是注意区域性差异。在不同国家、不同地区，由于文化习俗的不同，手势的含意也有很多差别，甚至同一手势表达的意思也不相同。

二是手势宜少不宜多。多余的手势，会给人装腔作势、缺乏涵养的感觉。

三是要避免出现不当的手势。在交际活动时，有些手势会让人反感，严重影响形象，比如当众搔头皮、掏耳朵、抠鼻子、咬指甲、手指在桌上乱写乱画等。

2.3.3 商务人员表情、神态礼仪

人的内心活动，较多以面部表情来表现。面部表情主要包括眼、眉、嘴、鼻、颜面肌肉等的种种运动、变化以及整个头部的姿势等。人的五官除了耳朵无法随意支配之外，其余皆能以各种活动来表现特定的情感。

眼睛是心灵的窗户，眼神指的是人们在注视时，眼部所进行的一系列活动以及所显现的神态。

在人的五官中，嘴的表现力仅次于眼睛。嘴的开合、嘴角向上或者向下，都传递着一定的信息，而且嘴的动作还是构成面部笑容的主要部分。

鼻子的作用也是非常明显，比如耸鼻表示厌恶，嗤之以鼻表示看不起，皱鼻表示好奇或吃惊，摸鼻表示亲切或重视。

案例分析

微笑的魅力

飞机起飞前，一位乘客请空姐给他倒一杯水吃药，空姐很有礼貌地说："先

生,为了您的安全,请稍等片刻,等飞机进入平衡飞行后,我会立刻把水给您送过来,好吗?"

15分钟后,飞机早已进入平衡飞行状态。突然,乘客服务铃急促地响了起来,空姐猛然意识到,她因为太忙而忘记给那位乘客倒水了。看到按响服务铃的果然是刚才那位乘客,她小心翼翼地把水送到那位乘客面前,微笑着说:"先生,实在对不起,由于我的疏忽,延误了您吃药的时间,我感到非常抱歉。"这位乘客抬起左手,指着手表说道:"怎么回事,有你这样服务的吗?都过了多久了?"空姐手里端着水,心里感到很委屈,但是无论她怎么解释,这位挑剔的乘客都不肯原谅她的疏忽。

接下来的飞行途中,为了弥补自己的过失,每次去客舱给乘客服务时,这位空姐都会特意走到那位乘客面前,面带微笑地询问他是否需要水或者别的什么帮助,然而那位乘客余怒未消,摆出不合作的样子,并不理会空姐。

到目的地前,那位乘客要求空姐把留言本给他送过去。很显然,他要投诉这名空姐。此时空姐心里很委屈,但是仍然非常有礼貌且面带微笑地说道:"先生,请允许我再次向您表示真诚的歉意,无论您提出什么意见,我都会欣然接受您的批评!"那位乘客脸色一紧,准备说什么,可是没有开口,他接过留言本,开始在本子上写了起来。

等到飞机安全降落,所有的乘客陆续离开后,空姐打开留言本,惊奇地发现那位乘客在本子上写下的并不是投诉信,而是一封热情洋溢的表扬信。

在信中,空姐读到这样一句话:"在整个过程中,你表现出的真诚的歉意,特别是你的十二次微笑深深打动了我,使我最终决定将投诉信改为表扬信!你的服务质量很高,下次如果有机会,我还将乘坐你们的这趟航班。"

讨论

乘客会如何评价这位空姐的服务呢?

训练项目2.3 注视与微笑

练习注视的部位、注视的角度、微笑。组员之间相互练习,相互指正,老师指导,以小组为单位展示和表演。

实训手册:我们来操作

(1) 巩固本章所学知识。

根据本模块相关内容,注意每天的站姿、坐姿、行姿、蹲姿,注意微笑、表情语和手势语的练习。以小组为单位进行课堂演示。

(2) 模拟练习。

以小组为单位,两组对练;或一组表演,另一组评判。自选商业场景,以考察各种体姿、表情语及礼貌用语的使用。

商业场景：服务型企业的日常前台工作、企业的投诉处理和售后服务、供应商的谈判现场、与重要客户的公关和沟通。

（3）课后任务。

每个同学根据理想的工作单位和职位制作一份正规的简历，要求格式规范，内容翔实，具有针对性，下周上课时打印好带到课堂上。

模块 3
求职面试礼仪

3.1 认识面试

情境导入

作为一名即将走向职场的新社会人，佩琪和乔治都感到非常的焦虑与紧张。不知面试有哪些形式，不知如何在激烈的面试竞争中脱颖而出，尤其是不知在面试的时候到底有哪些礼仪与细节需要注意。让我们与佩琪、乔治一起迎接机遇与挑战吧！

导入案例 1

乔治面试

乔治大学所学专业是计算机网络计算，但是他毕业想从事的工作是市场销售。由于他没有专业知识背景以及相关工作经验，所以他投出的简历一直得不到回应。他觉得不能守株待兔空等着，于是他决定主动出击。针对感兴趣的一家公司，他上网认真了解、研究该公司的相关信息，然后写了一封自荐信发至该公司的人事经理邮箱。没想到的是，有一天，该公司竟然打电话请他去面试了。乔治高兴地挂完电话之后，马上投入到面试的准备工作。那天，乔治如约参加了面试并非常顺利地通过了。面试完之后，面试官对他说："你知道我为什么会给你机会吗？从你走进办公室开始，你的一身正式且干净的穿着打扮、优雅的言行举止以及整个面试过程中保持着灿烂的微笑，都给我留下了非常深刻的印象。所以，我决定给你一个工作机会。"乔治高兴地向面试官鞠躬表示感谢："谢谢您给我提供这次难得的工作机会，我一定会努力的，请您放心！"面试官很高兴地向他伸出手，说："欢迎你加入我们公司！我看好你的，年轻人！"双方握完手之后，乔治有礼貌地向面试官告别，轻轻地关上办公室的门走了出去。

我们的任务

思考问题

（1）为什么乔治能面试成功？
（2）面试是什么？应该如何准备面试工作？
（3）如何在面试的前、中、后期展示良好的礼仪和修养？
（4）在求职面试过程中，你认为面试官更看重面试者什么？

我们的目标

（1）了解面试的内容和形式。
（2）掌握面试前、中、后期的礼仪规范。
（3）明确职业形象与沟通表达的重要性。
（4）掌握求职面试的方法与技巧。

导入案例2

大学毕业的小雪应聘的第一家单位是美国一家保健品公司。那时公司只招聘客服助理一人。为顺利进入面试，小雪开始准备简历。她没有像其他同学那样从网上下载简历，而是结合招聘职位要求沟通能力强的特点，强调自己食品专业出身、性格开朗，尤其突出曾任学校学生会副主席职位等，表明自己沟通能力强，适合客服岗位。一周后，她顺利通过了第1轮面试。复试时小雪特地找了整洁得体的衣服，提前半小时到场。在一对一的交谈中，小雪刚开始也很紧张，当主考官要求她介绍自己时，她开始冷静下来，认真回答考官。面试结束时，她把椅子轻轻地搬回原位，这时主持面试的总经理脸上露出了微妙的变化，并热情地对她说再见。后来，小雪被录用了。招聘经理后来告诉她，面试时考官都会观察应聘者是否迟到，那天她不但没有迟到，还是应聘人员中唯一一个把椅子搬回原位的应聘者，这个小小的举动决定了她最后的胜出。

我们的任务

思考问题

（1）小雪面试成功的秘诀是什么？
（2）如何准备面试？

我们的目标

（1）理解面试的内涵。
（2）了解面试的基本形式和主要内容。

我们来学习

3.1.1 面试的内涵

面试是用人单位为了寻找能够助其一臂之力的人而精心设计的一种面对面的测评方式，主要通过交谈与观察了解被试者的素质与能力。

在面试中，你相当于从简历中走出来，站在面试官面前，表现特点，施展才能，让他们认识你、评价你，并相信你是最理想的人选。

3.1.2 面试的基本形式

（1）单对单面试。
（2）多对单面试。
（3）集体面试。

3.1.3 面试的基本内容

求职面试的内容由于面试的组织形式和企业性质的不同而有很大差异，一般包含的基本内容有：专业技术能力（通常通过学业成绩、工作经历等表现出来）、个人素质（通常通过言行举止、谈吐、神态、穿着打扮等体现出来）。

训练项目 3.1

结合专业与职业规划，谈谈企业喜欢招聘什么样的人、你未来求职行业中的岗位有哪些、这些岗位招聘的要求是什么，以及你是否喜欢/符合/适合这些岗位的招聘要求。

3.2 重视第一印象

导入案例

佩琪也是一名应届毕业生，未来想从事的职业是所学专业——税务会计。她专业成绩非常优秀，语言表达能力强，非常擅长与人沟通。但是，她几次面试都失败了。最终，她只好接受安排，通过关系进入了一家公司。她进入公司后的表现确实没让人失望，总能为案例提供良好的专业建议与解决方案。但是，当她去客户公司提供服务时，对方经常不采纳她的意见，甚至把她的话当作戏言。佩琪也很烦恼："我给别人的第一印象常常影响我的工作与项目合作，我应该怎么办？"后来，公司发现了她问题的症结：她身高150厘米，体重43千克，身型娇小，穿着可爱型服装，又是稚嫩的娃娃脸，看起来像个小女孩。

我们的任务

思考问题
（1）为什么佩琪面试与为客户提供方案常常失败？
（2）我们应该如何帮助佩琪？
（3）为什么第一印象如此重要？
（4）职业形象是什么？为什么要打造职业形象？如何打造职业形象？

我们的目标

（1）理解第一印象的内涵与重要性。
（2）理解职业形象的内涵与重要性。
（3）学会打造职业形象。

我们来学习

3.2.1 第一印象的内涵

美国形象大师罗伯特·庞德说："这是一个两分钟的世界，你只有一分钟展示给别人你是谁，另一分钟要让他们喜欢你。"第一印象，是指两人第一次见面的外貌、穿着、打扮、言谈举止等给对方形成的认知，具有主观性、迅速性与情绪性。在社会心理学上，这种因初步印象而干扰对总体印象的判断，导致最初获得的信息比后来获得的信息影响更大的现象，称为首因效应，也叫最初效应。

3.2.2 第一印象的重要性

往往先入为主的第一印象会在很长一段时间内影响并决定着人们对某个人的观感，并且不易改变。也就是说，如果一个人给别人的第一印象很好，即使往后在表现上有不尽人意的地方，别人仍会维护、接纳与原谅。但是，如果一个人刚开始给人的第一印象很差，这种刻板印象一旦形成了，往后即使用心改过，也很难在短时间内摆脱坏印象造成的评价与影响。不良的第一印象产生后往往需要花费大量的时间与精力才能扭转成为理性的综合性评价。

因此，我们一定要重视和别人的第一次见面，尤其是求职面试。据调查，毕业生被用人单位录用的最重要因素中"面试第一印象"占比23%，如图3-1所示。

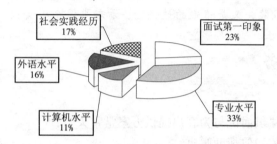

图3-1　毕业生被用人单位录用的重要因素

3.2.3　职业形象的内涵

职业形象是求职者或职场人士在职场中展示的容貌、魅力、风度、气质等。

3.2.4　职业形象的影响

职业形象不仅是个人职业忠诚、自信心的体现，更是某种行业、职业的象征符号，能够传递一种职业精神或职业文化。它就像一曲悦耳的主旋律，个人职业形象就是上面跳跃的音符。脱离了主旋律的奇响会失去乐感，给自己的职业发展与行业形象带来负面影响。

1. 职业形象对用人单位的影响

许多用人单位在招聘员工时，对应聘者职业形象的关注程度要远远高于我们的估计，甚至许多公司在面试中对职业形象方面关注的比重是最大的。因为职业形象不合格、职业气质差的员工不可能在同事和客户面前获得高度的认可，极有可能让工作效果大打折扣。

2. 职业形象对个人的影响

职业形象强烈影响个人业绩及晋升，尤其是对于业绩型职业人，如果自己的职业形象不能体现专业度，不能给客户带来信赖感，所有的技巧都是徒劳。因为客户首先认可的是人本身，然后才是产品。另外，获得上司的认可是晋升的核心要素之一。如果因为职业形象在上司面前形成误会、尴尬甚至引发上司厌恶，业绩再好也难有出头之日。

3.2.5 重视第一印象，打造职业形象

（1）穿行业或职业服装，穿出和谐与个性职业范（职业仪表）。
（2）化行业或职业妆，扮出美感与气质职业范（职业仪容/首饰）。
（3）说行业或职业话，说出专业与美誉职业范（职业表达）。
（4）行行业或职业之礼，行出成熟与稳重职场范（职业仪态）。

训练项目 3.2

结合职业规划与自身实际，分组讨论自己的职业形象以及如何打造个人职业形象，以书面的形式提交个人职业形象设计方案。

3.3 面试前、中、后期的礼仪

导入案例

乔治投了很多简历，有一天在大街上接到一个面试的电话，有点得意忘形地提高了回答的嗓音，直到挂电话之后才发现没听清楚对方是什么公司，也忘记追问。于是，他又赶紧回了一个电话过去，追问："喂，刚刚您给我打电话的，您是哪家公司？"

乔治面试的时候特别紧张，竟然把面试官的名字叫错了。面试官问他："你为什么会选择我们公司呢？"乔治想：还不是你们叫我来的。但是不好意思这么直白地回答，他一时没有主意，挠了挠头回答道："还真没想过，就是觉得贵公司很不错，有前途。"面试官又问他："你为什么觉得我们公司很不错、有前途呢？你对我们公司了解多少？"乔治想了一会，然后回答道："我接到面试通知到现在还没有来得及查看贵公司的资料，所以不是很了解。"面试官对他说："我们招人，希望他能了解公司，所以请你回去多多了解再说吧！"

我们的任务

思考问题

（1）乔治面试会成功吗？为什么？
（2）我们应该如何帮助乔治？
（3）面试前、中、后期，我们应该如何有礼貌地应对？

我们的目标

（1）掌握求职面试前、中、后期的基本流程与礼仪。
（2）掌握在复杂激烈的竞争环境中面试成功的基本方法与技巧。

我们来学习

3.3.1 面试前——不打无准备之战

"知己知彼，百战不殆。"要想在面试中取得成功，需要提前做好以下面试准备。

（1）了解就业市场/行业/公司等信息。
（2）准备求职材料。
（3）研究面试问题。
（4）设计与准备求职形象。
（5）保持电话畅通，注意接打电话的礼仪。

3.3.2 面试中——以不变应万变

在面试的过程中，无论面试官是谁、面试问题和面试方式怎么变，面试官都是在考核面试者的形象素质、专业素质、能力素质等。以下这些礼仪都是必不可少的。

（1）有礼貌地问候、握手甚至鞠躬。
（2）微笑致意。
（3）眼神交流。
（4）标准站姿、坐姿、走姿及手势。
（5）有逻辑而流利地表达与有诚意地回答。
（6）为了评估面试者与公司、岗位的匹配度，面试的内容及常见的面试题目如下。

第一，自我介绍。
第二，"谈谈你的优缺点或者说你有什么爱好和特长"。
第三，"你觉得你适合这个工作岗位吗，或者说你如何能胜任这个工作"。
第四，"你为什么选择我们公司，或者说我们为什么要选择你"。
第五，"你对某些人、某些事、某些问题等持有什么样的观点与看法"。
……

3.3.3 面试后——积极主动互动

面试完之后，不管感觉如何，即使彼此心中有数，都不要妄自下结论，有机会要积极主动、大方有礼地与面试官互动或者事后电话联系，一是表示感谢，二是了解自己面试的结果以及面试官对自己表现的评价。这可以向面试官表明自己对这次面试的重视，也可以从中总结经验，知道自己到底是面试没有表现好还是自我认知错误，甚至可以补充漏掉的附加信息以及争取再次面试的机会。总而言之，这既是一个成长的好时机，也是一个以礼结下好人缘的机会——此次面试不成功，说不定对方会地你推荐到其他公司或其他工作岗位呢！

3.3.4 面试礼仪禁忌

不要姗姗来迟、乱闯乱叫，做一个守时守规的人。
不要直接顶撞、随便插嘴，做一个温文尔雅的人。
不要含糊其词、夸夸其谈，做一个有理有据的人。
不要死记硬背、故作姿态，做一个亲和自然的人。
不要木讷口呆、沉默少言，做一个有声有色的人。
不要胡吹乱侃、骄傲自负，做一个诚实谦虚的人。
不要自我矮化、一味奉承，做一个自信有主的人。
不要冷漠无视、粗心大意，做一个热心细心的人。

训练项目3.3

面试情景模拟一：结构化面试。

请各个小组分别自行安排面试官与求职者，按照以下流程参与面试。

领面试表→报名面试部门并且在面试区等候→按顺序进入面试场面试→递交个人求职材料及面试表，进行面试→面试官进行面试考核→交面试表→面试点评。

面试问题由老师现场提供。

面试情景模拟二：无领导小组面试。

请班委自行安排面试官与求职者按照以下流程参与面试。

领面试表→报名面试部门并且在面试区等候→按顺序分组，按要求进入面试场→递交个人求职材料以及面试表→开始面试，阅读题目与思考问题 5 分钟，展开讨论 15 分钟，结果汇报 5 分钟→组织面试官进行无领导小组讨论点评 5 分钟。

讨论题目由老师现场提供。

训练项目3.4 课后阅读

1. 面试小故事

一家规模很大的公司正在招聘副经理，经过初试，他们从简历里选中了3位优秀的青年进行面试。

最后的面试由总经理亲自把关，面试的方式是跟3位应聘者逐个交谈。面试之前，总经理特意让秘书把为应聘者准备的椅子拿到了外面。

第一位应聘者沉稳地走了进来，他是经验最为丰富的。总经理轻声对他说："你好，请坐。"应聘者看着自己周围，发现并没有椅子，充满笑意的脸上立即现出了些许茫然和尴尬。"请坐下来谈。"总经理再次微笑着对他说。他脸上的尴尬显得更浓了，有些不知所措，最后只得说："没关系，我就站着吧！"

第二位应聘者反应较为机敏，他环顾左右，发现并没有可供自己坐的椅子，立即谦卑地笑着说："不用不用，我站着就行！"

第三位应聘者是一个应届毕业生，一点经验也没有，他面试成功的概率是最低的。总经理的第一句话同样是："你好，请坐。"

大学生发现周围没有椅子，先是愣了一下，随后微笑着说："您好，我可以把外面的椅子搬一把进来吗？"

总经理脸上的笑容终于舒展开来，温和地说："当然可以。"

面试结束后，总经理录用了最后一位应聘者，他的理由很简单：我们需要的是有思想、有主见的人，缺少了这两样东西，一切的学识和经验都毫无价值。

2. 职场故事

小方，一个29岁的北京女孩，在金碧辉煌的售楼大厅里一点也不出众。但是这个不起眼的女孩儿，卖出了天文数字的业绩。一年里，经她手出售的楼房总价值超过一亿元。小方成了名人，人们好奇她的售楼秘诀，而她只是说："我不喜欢把成绩归结到运气上。"

首先，不能看人下菜。

开始，销售总监并不看好小方，给她做培训的老销售也不看好她。一次培训课的间隙，小姑娘们都凑在一起聊天，忽然进来一位穿着睡衣的中年妇女，销售人员看她穿着普通，根本不像买房的，都懒得动弹。经理看到没人招呼，便叫小方："你去招呼一下客人，就当是练手，找找感觉。"

小方心想：不管人家买不买房子，进来的都是公司的客户，就得认真招待。"她热情地迎上去，陪着那位妇女四处看，耐心地听她问长问短。最后，这位妇女竟一口气买了3套。从那以后，小方牢牢记住了一个道理：销售人员一定不能够挑客户，更不能看人下菜。

这样的例子小方屡见不鲜。"我有一个客户，非常有钱，但穿得很随便。他告诉我,以前去看房子,每次售楼小姐都不怎么搭理他。后来发现他有实力,就变得特别热情,拼命招呼,他很反感,干脆不买了。最后,这个人也在我们这里买了3套。因为,他被歧视惯了,遇到我热情招待他,非常感动。"

其次,真诚比技巧重要。

小方虽然不以貌取人,但时间长了,她也能区分出所谓的高端客户和普通客户。"有些女客户一身华贵,态度矜持而淡漠。对待这样的客户,态度要热情,但是话不能多,介绍完基本情况,如果对方不说话,自己尽量也不说,但要随时准备回答问题。"小方说,"这种客户不容易招待,很难猜到她们的心思,要特别注意把握好距离。近了,她会防备你;远了,她又嫌你不够热情。"相比起这些人,小方还是喜欢跟普通客户接触。"他们虽然家长里短问得很仔细,但也容易接近,我很喜欢跟他们聊天,和很多客户都成了朋友。"

模块 4
商务会面礼仪

4.1 商务人员称呼和商务介绍礼仪

情境导入

上午 8∶20，佩琪陪同部门黄经理接待来自浙江某合作公司的市场部经理及业务员。

当合作公司的市场部经理及业务员到达会议室后，佩琪站在黄经理身后，想着该如何做才能给客户留下良好的第一印象。她认真地观察黄经理与同事的一言一行。

我们的任务

思考问题

(1) 商务人员与客户见面之初有哪些要注意的环节？
(2) 商务人员称呼他人时应注意哪些问题？
(3) 商务人员在介绍他人时应注意哪些问题？
(4) 假如你是佩琪，请你设计一下与客户见面的场景，并完成称呼与介绍的环节。

我们的目标

(1) 懂得商务人员日常会面的称呼及介绍礼仪规范。
(2) 学会商务场合称呼和介绍的方法与技巧。
(3) 在商务场合中熟练运用称呼与介绍的技巧。

我们来学习

4.1.1 如何称呼对方？

1. 得体称谓的要求

人与人打交道时，相互之间免不了要使用一定的称呼。不使用称呼，或者称呼使用不当，都是一种失礼的行为。所谓称呼，通常是指在日常交往中，人们彼此之间所使用的称谓语。商务人员需要注意的是，称呼不仅反映着自身的教养和对被称呼者尊重的程度，而且在一定程度上还体现着双方之间关系的亲疏。从某种意义上讲，当一个人称呼另外一个人时，实际上意味着主动地对彼此之间的关系进行定位。

在公务交往中，要想对他人采用正确、适当的称呼，通常必须兼顾四项规则：一是符合常规；二是区分场合；三是考虑双方关系；四是坚持入乡随俗。与此同时，对于工作中的称呼、生活中的称呼、涉外交往中的称呼，均应区别开来。

2. 称呼类型

在职场上，商务人员采用的称呼理应正式、庄重而规范。它们大体上可分为下述 4 类。

（1）职务性称呼。

以对方的行政职务相称，以示身份有别并表达敬意，是公务交往中最为常见的称呼。在实践中，它又可分为如下 3 种情况。

1）仅称行政职务，例如，董事长、总经理、主任等，多用于熟人之间。

2）在行政职务前加上姓氏，例如，谭董事、汪经理、李秘书等，适用于一般场合。

3）在行政职务前加上姓名，例如，王惟一（化名）董事长、滕树（化名）经理、林荫（化名）主任等，多见于极为正式的场合。

（2）职称性称呼。

对于拥有中、高级技术职称者，可在工作中直接以此相称。在有必要强调对方技术水准的场合，尤其需要这么做。通常，它亦可分为以下 3 种情况。

1）仅称技术职称，例如，总工程师、会计师等，适用于熟人之间。

2）在技术职称前加上姓氏，例如，谢教授、严律师等，多用于一般场合。

3）在技术职称前加上姓名，例如，柳民伟（化名）研究员、何娟（化名）工程师等，常见于十分正式的场合。

（3）学衔性称呼。

在一些有必要强调科技或知识含量的场合，可以学衔作为称呼，以示对对方学术水平的认可和对知识的强调。它大体上有下面4种情况。

1）仅称学衔，例如，博士，多见于熟人之间。

2）在学衔前加上姓氏，例如，侯博士，常用于一般性交往。

3）在学衔前加上姓名，例如，侯钊（化名）博士，仅用于较为正式的场合。

4）在具体的学衔之后加上姓名，即明确其学衔所属学科，例如，经济学博士邹飞（化名）、工商管理硕士马月红（化名）、法学学士衣霞（化名）等。此种称呼显得最为郑重其事。

（4）行业性称呼。

在工作中，若不了解交往对象的具体职务、职称、学衔，有时不妨直接以其所在行业的职业性称呼或约定俗成的称呼相称。它多分为下述两种情况。

1）以其职业性称呼相称。在一般情况下，常以对方的职业称呼对方。例如，可以称教员为老师，称医生为大夫，称驾驶员为司机，称警察为警官等。此类称呼前，一般均可加上姓氏或姓名。

2）以其约定俗成的称呼相称。例如，对服务行业的从业人员，人们一般习惯于称为小姐或先生。在这类称呼前，亦可冠以姓氏或姓名。

3. 称呼的技巧

（1）商界人士。

称呼商界人士时，通常均应称呼对方为小姐、女士或先生。有时，可以同时加上对方的姓氏或姓名。例如，玛丽小姐、比尔·盖茨先生等。在许多国家，人们并不习惯于以对方的行政职务相称。

（2）政界人士。

与政界人士打交道时，一般亦可以小姐、女士或先生相称。此外，还有两种方式。

一是称呼行政职务，有时还可同时加上小姐、女士或先生等称呼。例如，市长先生。

二是称呼职务较高者为阁下。在多数情况下，"阁下"这一称呼可与职务及小姐、女士、先生等称呼同时使用。例如，总理先生阁下、大使阁下等。但在美国、德国、墨西哥等国，并无"阁下"之称。

（3）军界人士。

在国外，人们称呼军界人士时，大都习惯于只称呼其军衔，而不称呼其职务。称呼军界人士的基本方式有四种。

一是只称呼军衔。例如，将军、中校、少尉等。

二是在军衔之后加上先生。例如，少校先生、上尉先生等。

三是在军衔之前加上姓氏。例如，朱可夫元帅、史密斯将军等。

四是军衔与姓氏、先生一起相称。例如，布莱德雷上将先生。此种全称最为正规。

（4）教育界、科技界、卫生界、司法界人士。

在称呼此类人士时，一般应以其职称、学衔为主要内容。其惯用方式主要有四种。

一是直接称呼其职称或学衔。例如，教授、工程师、研究员、医生、法官、律师等。

二是在其职称或学衔前加上姓氏。例如，蒙代尔教授、米罗大律师等。

三是在其职称或学衔后加上先生、小姐之类的称呼。例如，法官先生、博士小姐等。

四是在其职称或学衔前后同时加上姓氏及先生或小姐。例如，里奈博士先生。

（5）服务业人士。

称呼服务行业的从业人员时，一般有下述两种常用方式。

一是称呼对方为小姐或先生。倘若了解对方的姓氏，有时亦可一并相称。

二是称呼对方为服务生。此种称呼，在饭店、餐馆、商店大都可以使用。

（6）社交界人士。

在一切社交场合，小姐、女士、先生等称呼均最为适用。在一些国家里，称呼妇女时必须谨慎：已婚者应称为夫人，未婚者应称为小姐，而女士则多在不知其婚否时使用。在大多数情况下，小姐、夫人、女士、先生均可与姓氏或姓名一并称呼。与姓氏合称适用于一般场所；与姓名合称，则显得非常正式。

4. 正式场合的忌称

在公务交往中，有一些称呼是忌讳使用的。它们的共同之处是：失敬于被称呼者。这类忌称主要有下述 5 种。

（1）错误性的称呼。

错误性称呼是因称呼者粗心大意所致。常见的有两种情况。

一是误读。其原因在于不知道被称呼者的姓名，或者念错了对方的姓名。我国人名中的一些姓氏，例如，翟、江、邬、眭等，就很容易被人误读。

二是误会，是指对被称呼者的职务、职称、学衔、辈分、婚否做出了错误的判断。例如，把一名未婚妇女称为夫人，显然就属于重大的失误。

（2）不适当的称呼。

不适当的称呼主要有以下几种。

一是替代性的称呼。在正式场合，以"下一个""12 号"等替代性称呼去称呼他人，为不适当的做法。

二是跨行业的称呼。学生喜欢互称同学，军人往往互称战友，工人可以互称师傅，专业造诣高者可称为大师。但此种行业性极强的称呼一旦被用来称呼行业外之人，通常会给人以不伦不类之感。

三是不恰当的简称。某些同事之间使用的非正式的简称，例如，把范局长简称为范局，把沙司长简称为沙司，把周校长简称为周校，均不可使用于正式场合。

另外，与他人打交道时，不使用任何称呼也是极不礼貌的表现。

（3）不通行的称呼。

有一些称呼，仅仅适用于某一地区，或者仅仅适用于国内。一旦它超出这个范围，就有可能产生歧义。此类非通行称呼主要有两种。

一是仅适用于某一地区。例如，北京人称别人为师傅，山东人则习惯于称呼别人为伙计，这类地区称呼在其他地区往往难以畅行无阻。

二是仅适用于国内。一些中国人常用的称呼，例如，同志、爱人等，不宜用于称呼一般的外国人。

（4）庸俗性的称呼。

在公务交往中，一些庸俗性的称呼绝对不宜使用。动辄对他人以朋友、兄弟、死党、哥们儿、姐们儿相称，往往只会贬低自己。

应当指出的是，在正式场合，不论对熟悉还是不熟悉的人，最好都不要称兄道弟。要是张口闭口都是张哥、李姐、王叔，不仅不会使人感到亲切，反而可能让别人反感。

（5）绰号性的称呼。

一般情况下，在正式场合不可擅自以绰号性称呼去称呼别人。不论是自己为别人起绰号，还是道听途说而来的绰号，都不宜使用。一些具有侮辱性质的绰号，更是禁止使用的。

4.1.2　商务介绍礼仪

导入案例

"请问有人吗？"刘欣（化名）来到办公室门口。

"进来！"办公室主任老胡大声应了一声。

见到来人，老胡觉得陌生，随口问道："你有什么事吗？"

刘欣赶忙说："我叫刘欣，是南方化工厂副厂长、南方化工协会理事、南方化工研究会理事、南方开发公司经理，今天来这里是想……"

老胡皱了皱眉头："哦？看你不像南方人嘛。"

思考：刘欣的介绍有什么问题？如果你是刘欣，应当如何自我介绍呢？

1. 自我介绍的形式

（1）应酬式。

甲："你好，我是张强。"

乙："你好，我是李波。"

应酬式自我介绍适用于某些公共场合和一般性的社交场合。这种自我介绍最为简洁，往往只介绍姓名即可。

（2）工作式。

甲："你好，我是张强，是××公司的销售经理。"

乙："我叫李波，在北京大学中文系教外国文学。"

工作式自我介绍适用于工作场合，包括本人姓名、供职单位及其部门或从事的具体工作等。

（3）报告式。

例如，"各位来宾，大家好！我叫张强，是××公司的销售经理。我代表本公司热烈欢迎大家光临我们的展览会。"

报告式自我介绍适用于讲座、报告、演出、庆典、仪式等一些正规而隆重的场合，包括姓名、单位、职务等，同时还应加入一些适当的谦词、敬词。

（4）问答式。

甲："先生，你好！请问您怎么称呼？"

乙："您好！我叫张强。"

甲："请介绍一下你的基本情况。"

乙："各位好！我叫张强，26岁，北京人，汉族……"

问答式自我介绍适用于应试、应聘和公务交往。问答式的自我介绍应该是有问有答，问什么就答什么。

（5）幽默式。

林肯竞选时的自我介绍："我叫林肯，我所有的财产就是一位妻子和三个女儿，都是无价之宝。此外，还有一个租来的办公室，室内有桌子一张、椅子三把，墙角还有大书架一个，架子上的书值得每人一读。我本人既穷又瘦，脸很长。我实在没什么可依靠的，我唯一的依靠是你们。"

幽默式自我介绍适用于轻松、欢快的氛围，如公司晚会、联欢会等，前提是使用者必须具备幽默自嘲的态度。

2. 自我介绍注意事项

（1）注意时间。

在介绍自己时，要有意识地抓住重点，言简意赅，努力节省时间。一般而言，介绍自己所用的时间以半分钟左右为佳。若无特殊原因，是不宜超过1分钟的。

（2）讲究态度。

进行自我介绍时，表情要自然、亲切，目光注视对方，举止庄重大方，态度镇定而充满信心，表现出渴望认识对方的热情。

（3）真实诚恳。

自我介绍时要实事求是，不可自吹自擂，夸大其词。

实训手册：我们来操作

训练项目 4.1　自我介绍

（1）假如你是佩琪，请你设计一下与客户见面的场景，并完成称呼与介绍的环节。

（2）两个同学为一组，一个扮演佩琪，一个扮演客户，练习称呼与介绍的环节。

3. 他人介绍

他人介绍，又称第三者介绍，是让第三者为彼此不相识的双方引见、介绍的一种方式。

在商务活动中，经常需要商界人士为交往双方进行介绍。介绍人首先应当征求被介绍双方的意见，经被介绍人应允后，介绍人即可上前介绍。

4. 介绍他人的顺序

若被介绍的其中一方人数众多，则一般应按照职位高低的顺序依次介绍，或者按照座位顺序、顺时针或逆时针顺序依次介绍没有明显职位高低之分或长幼之分的人。切勿跳跃式地进行，以免显得厚此薄彼。

训练项目 4.2　如果你是乔治，该如何为他人介绍？

公司的秘书乔治，在一次隆重的公司庆典活动上负责介绍来宾的工作。他用右手的食指指着公司的总经理说："这是我们公司的总经理。"接着，他又用手指指着其他的几位嘉宾说："那位是××公司的老总。坐在他旁边的是××公司的副总。还有这位，这位是工商管理局的局长。"说完这些，乔秘书接着说："下面让我们以热烈的掌声欢迎各位领导和嘉宾的光临！"会议结束后，公司领导通知乔治，让他回去好好学习礼仪。

4.2　握手礼仪

情境导入

双方进入洽谈室前，佩琪看见黄经理按照职务的高低与对方人员一一握手。佩琪心想：难道黄经理这么做是因为有什么礼仪规范要求吗？

我们的任务

思考问题
（1）在日常会面时，商务人员在什么情况下需要行握手礼？
（2）女士握手时应特别注意哪些问题？
（3）多人握手时应注意哪些问题？
（4）假如你是佩琪，请你设计一下情境中的握手场景。

我们的目标

（1）学会商务人员日常见面时的主要礼节。
（2）在商务场合中熟练运用见面礼节。
握手是商务交往的常用礼节，通过握手可以传达许多的信息，如热情的问候、真诚的祝愿、殷切的期盼、由衷的感谢等。

我们来学习

4.2.1 握手的方式

1. 平等式握手

平等式握手时，右手握住对方的右手，手掌均呈垂直状态，拇指张开，肘关节微屈抬至腰中部，上身微前倾，目视对方。这是礼节性的握手方式，一般适用于初次见面或交往不深的人。

2. 手扣手式握手

手扣手式握手时，右手握住对方的右手手心，左手握住对方右手的手背，可以让对方感到他的热情真挚、诚实可靠。但是，如果与初次见面的人用这种方式握手，可能产生相反的效果。

3. 拍肩式握手

拍肩式握手时，右手与对方的右手相握，左手移向对方的肩或肘部。这种握手方式在双方关系极为亲密的人之间适用。

4.2.2 握手的姿势

握手时，两人的手掌都处于垂直状态，两人间距离约为一步，上身稍前倾，两足立正，伸出右手，四指并拢，拇指张开与对方相握。握手时应用力适度，上下稍许摇晃两三下，礼毕即松开恢复原状。

4.2.3 握手顺序

在正式场合，握手时伸手的先后次序主要取决于职位、身份；在社交、休闲场合，则主要取决于年龄、性别、婚否。例如，在长辈与晚辈之间，往往是长辈先伸手；在男女之间，通常是女士先伸手；在上下级之间，通常是上级先伸手。

4.2.4 握手力度

握手时，稍紧表示热情，不可太用力也不可太轻。

正确的做法是：不轻不重地握住对方的手，然后微微向下晃；男士与女士握手，只握女士的手指部分或者轻轻地贴一下；女士与男士握手时，只需轻轻伸出手掌；男士与男士握手时，握手掌，虎口相对；女士与女士握手时，手指相握。

4.2.5 握手禁忌

1. 注意事项

（1）握手的时间通常是3~5秒。匆匆握一下就松手，感觉像敷衍；长久地握着不放，又未免让人尴尬。

（2）人们应该站着握手，或者两个人都坐着。如果你坐着，有人走来和你握手，你必须站起来。

（3）别人伸手同你握手，你不伸手是不友好的。

（4）握手时应该伸右手，不能伸左手。

（5）握手时不可以把另一只手放在口袋里。

2. 禁忌

（1）三心二意，面无表情，目光游移或旁观。

（2）戴着墨镜或手套。

（3）用左手握手。

（4）与异性握手时使用双手。

（5）争先恐后。

（6）长篇大论，过分热情。

（7）用很脏的手相握，握手后立即擦拭。

（8）拉来推去或上下左右不停抖。

（9）交叉握手。

3. 握手口诀

大方伸手，虎口相对；目视对方，面带微笑；力度七分，男女平等；3秒结束。

实训手册：我们来操作

训练项目 4.3　握手礼仪

以小组为单位，采用情景模拟的方式，假设你是佩琪或黄经理，设计一下情境中的称呼、自我介绍和握手礼仪，现场演练和展示。

4.3　商务人员名片使用礼仪

情境导入

在佩琪细心观察黄经理与客户会面的过程时，合作公司的业务员王女士走到佩琪面前，递给她一张名片，佩琪该怎样接受才符合礼仪规范要求？

我们的任务

思考问题
（1）名片在商务人员日常会面中有何作用？
（2）商务人员在日常会面中如何选择交换名片的时机？
（3）如果佩琪没有名片，她应该怎样应答才不会失礼？
（4）假如你是佩琪，请你设计一下情境中的名片交换场景。

我们的目标

（1）懂得商务人员日常会面中名片使用的主要礼节规范。
（2）学会商务人员日常见面时的名片使用主要礼节。
（3）在商务场合中熟练运用名片礼仪。

我们来学习

4.3.1　名片的用途

名片是现代人的自我介绍信和社交的联谊卡。它最基本的功能就是自我介绍，此外还包括结交朋友、与对方维持联系、介绍业务、拜会他人、替人介绍等。

4.3.2 递送名片的礼仪

坐着递名片和单手递名片都不礼貌，而且，名片上的名字不能朝向自己。向对方递名片时，应起立，双手握名片，并将名片上的名字朝向对方，如图4-1所示。

图4-1 正确递名片

4.3.3 手拿名片的位置

要用双手的大拇指和食指拿住名片上端的两个角，名片的正面朝向对方。

4.3.4 交换名片的姿势及语言

姿势：标准站姿。

语言："谢谢！""非常高兴认识您！""这是我的名片，请多指教，希望保持联络。""初次见面，请多多关照。""非常高兴认识您。"

4.3.5 递名片的顺序

由尊而卑、由近及远，如果是圆桌就从右侧开始，按顺时针方向前进。

4.3.6 接受名片

站起（位高者可坐着），面带微笑，目视对方；双手接过，接过后认真默读一便，以视尊重；附带致敬语，如"请多关照""谢谢"。

4.3.7 索要名片的技巧

1. 交易法

例如,"张教授,非常高兴认识你,这是我的名片,请多指教"。

2. 明示法(向同年龄、同级别、同职位的人)

例如,"老王,好久不见了,我们交换以下名片吧,这样更方便联系"。

3. 谦恭法(向长辈、领导、上级)

例如,"汪老,您的报告对我很有启发,希望有机会向您请教,以后怎样向您请教比较方便"。

4.3.8 交换名片注意事项

(1)名片应放在随手可取的地方,不应东摸西摸,半天找不到。

(2)出示名片应把握机会,一是交谈开始前,二是交谈融洽时,三是握手告别时。

(3)接过别人的名片,切忌不加确认就放入包中;忌放在裤兜、裙兜、提包、钱夹中;忌随手乱扔。

(4)忌"批发式"散发名片。

(5)用专用的名片夹、名片包存放自己名片。

(6)当名片交换完毕后,如果对方表示了"请坐",这时就可以坐下。

实训手册:我们来操作

训练项目4.4 交换名片礼仪

情境导入

假如你是佩琪,请你设计一下佩琪与合作公司黄经理会面的称呼、自我介绍、握手和名片交换礼仪,练习和操作两遍。

案例分析

大意失荆州

某公司的王女士被派随团出访,前去欧洲开展招商引资工作。因为出国之前她为了准备其他事情,忘记重新印制一套名片,所以每到送名片的时候,为了让对方能找到自己最新的电话和住址,她都在名片上临时用钢笔加注几个有用的电话号码和地址。半个月跑下来,王女士累得筋疲力尽,却未见有外商与其有过实质性接触。后来,经人指点才明白问题出在哪儿。在外商看来,名片犹如一个人的脸,对其任意涂改、加减,表明她为人处世敷衍了事,马马虎虎。

讨论

(1) 试结合王女士的错误来谈一谈名片在当今的商业交往中的重要作用。

(2) 请想一想如何正确出示名片,自己练习一下。

模块 5

商务接待拜访礼仪

情境导入

佩琪在广州一家知名企业任职,乔治在广州一家知名的电商企业工作,现在他们两人在工中同时都遇上了一个难题,都要接待来访的客人和去别的公司拜访。他们应当如何做好接待和拜访的工作?让我们和佩琪、乔治一起,开展我们的商务接待和拜访礼仪学习!

我们的任务

思考问题
(1) 商务接待拜访的基本内涵是什么?
(2) 商务接待的礼仪常识有哪些?
(3) 商务拜访礼仪的言行举止有哪些?
(4) 商务馈赠礼仪的禁忌有哪些?

我们的目标

(1) 掌握商务接待和拜访的基本礼仪。
(2) 能够正确使用商务接待和拜访礼仪。

我们来学习

导入案例

公司购买办公家具

某公司新建的办公大楼需要添置一系列的办公家具,价值数百万元。公司的总经理已做了决定,向 A 公司购买这批办公家具。这天,A 公司的销售部负责人打电话来，要上门拜访这位总经理。总经理打算等对方来了就在订单上盖章，定下这笔生意。不料对方比预定的时间提前了2小时到达，原来对方听说这家公司的员工宿舍也要在近期落成，希望员工宿舍需要的家具也能向A公司购买。为了谈这件事，销售负责人还带来了一大堆的资料，摆满了台面。总经理没料到对方会提前到访，刚好手边又有事，便请秘书让对方等一会。这位销售员等了不到半小时就开始不耐烦了，一边收拾起资料一边说："我还是改天再来拜访吧。"这时，总经理发现对方在收拾资料准备离开时将自己刚才递上的名片不小心掉在了地上，但对方并没发觉，走时还无意从名片上踩了过去。但这个不小心的失误却令总经理改变了初衷，A公司不仅没有机会与对方商谈员工宿舍的家具购买，连几乎到手的数百万元办公用具的生意也失去了。

佩琪和乔治碰到这样的事要如何处理？

讨论

（1）A公司的生意为何没有谈成？

（2）拜访他人应该注意哪些问题？

5.1　商务人员拜访礼仪

拜访又叫拜见、拜会，是指前往他人的工作单位或住所探望对方，进行接触。无论是公务交往还是私人来往，拜访都是人们经常采用的一种社交方式。拜访活动是双向的，在拜访中，作为访问、做客的一方为客人，也叫来宾；作为待客、接待的一方为主人。在进行拜访活动时，只有主客双方都遵守礼仪规范，才能使拜访活动圆满成功。

5.1.1　预约礼仪

1. 预约时间

拜访者通常应与被拜访者约定好拜访的时间，告诉对方将在什么时候去拜访。这应该是对方是否接受拜访的首要条件。如果是公务拜访，应该选择对方上班时间；如果是私人拜访，就应以不影响对方休息为原则，避开节假日、用餐时间、过早或过晚及其他一切对方不方便的时间。一般情况下，上午9点至10点，下午3点至4点或7点至8点是最适宜的时间。拜访外国人时，切勿未经约定便不邀而至，做不速之客通常被认为是极不礼貌的。

2. 预约地点

上班时间，拜访地点通常会选在办公室、接待室。私人拜访可能在家中，也可能在公共娱乐场所，如茶楼、咖啡厅等，应尽量避免前往私人居所进行拜访。

3. 预约方式

可以用电话预约、当面预约或者书信预约等方式。无论是哪种预约，口气和语言一定是友好、请求、商量式的，而不能以强求、命令的口气要求对方。

在商务交往中未曾约定的拜访，属于失礼的表现，很不受欢迎。如果有要紧的事必须前往，一定要表现歉意并解释清楚。

5.1.2 拜访礼仪

1. 做客的礼仪

在拜访、做客时，要想成为受欢迎的客人，除了要严格遵守做客的礼仪规范外，最重要的是尊重主人，做到客随主便。

（1）有约在先。拜访主人时，切勿未经约定便不邀而至，且应尽量避免前往别人的私人居所进行拜访。约定的具体时间通常应当避开节日、假日、用餐时间、过早或过晚的时间，以及其他一切可能给对方造成不便的时间。

（2）守时践约。守时践约不仅是讲究个人信用、提高办事效率的要求，而且也是对交往对象尊重友好的表现。万一因故不能准时抵达，务必及时通知对方。必要的话，可将拜访改期，并向对方郑重地道歉。

（3）登门有礼。切忌不拘小节，失礼失仪。当主人开门迎客时，要主动向对方问好，相互行见面礼节。倘若主人不止一人，则按先后顺序向对方问候与行礼。做法有二：其一，先尊后卑；其二，由近及远。之后，在主人的引导下进入指定的房间，切勿擅自闯入。就座时，要与主人同时入座。倘若自己到达后，主人尚有其他客人在座，应当先问一下主人，自己的到来会不会影响对方。

（4）举止有方。在拜访时要自尊自爱，并且时刻以礼待人。与主人或其家人进行交谈时，要慎择话题，勿信口开河。与异性交谈时，要讲究分寸。对于主人家里遇到的其他客人要表示尊重并友好相待，不要无意间冷落对方。若遇到较多客人，既要以礼相待，也要一视同仁，勿厚此薄彼或本末倒置，将主人抛在一旁。在主人家里，不要随意脱衣、脱鞋、脱袜，也不要动作夸张而放肆。未经主人允许，不要在主人家中四处乱闯，随意乱翻、乱动、乱拿主人家中的物品。

（5）适可而止。在拜访他人时，一定要注意在对方的办公室或私人居所里停留的时间长度。从总体上讲，应当具有良好的时间观念，停留的时间不宜过长，以免打乱对方既定的其他安排。一般情况下，礼节性拜访，尤其是初次登门拜访，应控制在15分钟至30分钟之间，最长也不宜超过2小时。有些重要的拜访，往往需要由主宾双方提前议定时间和长度。在这种情况下，务必要严守约定，绝不单方面延长拜访时间。自己提出告辞时，即便主人表示挽留，仍须离去，并向对方道谢，请主人留步。在拜访期间，若遇到其他重要的客人来访，或主人一方表现出为难之意，应当机立断，主动告退。

2. 待客时的礼节

待客分为迎客、敬茶、送客等。

(1) 迎客。如果事先知道有客人来访，要提前打扫门庭，并备好茶具、烟具、饮料等。也可根据自己的家庭条件，准备好水果、糖、咖啡等。客人在约定时间到来时，应提前出门迎接。

客人来到家中，要热情接待，不能在家中穿睡衣，即使是十分熟悉的客人，也应换上便衣。客人进屋后，首先请客人落座，然后敬茶、端出糖果。端茶或送糖果盘时要用双手，并代客人剥糖纸、削果皮。

(2) 敬茶。要事先把茶具洗干净。在倒茶时，要掌握好茶水量。常言道，待客要"浅茶满酒"。所谓浅茶，即将茶水倒入杯中三分之二为佳。

端茶也是应注意的礼节。按我国传统习惯，应双手给客人端茶。对于有杯耳的杯子，通常是用一只手抓住杯耳，另一只手托住杯底，把茶水送给客人，随之说声"请您用茶"或"请喝茶"。切忌用手指捏住杯口边缘往客人面前送，这样既不卫生，也不礼貌。

(3) 送客。客人告辞，一般应婉言相留。如果客人执意要走，主人应等客人起身后再起身相送。不可客人一说要走，主人就站起来。送客一般应送到大门或小区门口。有些客人会带礼物来，对此，送客时应有所反应，如表示谢意，或请客人以后来访不要带礼品或相应回谢一些礼物，不能毫无表示。

3. 拜访准备

当预约得到肯定答复后，要认真做好赴约的准备。准备的充分程度，直接影响到拜访目的的实现。

(1) 修正仪表。正式的公务拜访，穿着要整齐大方、干净整洁、和自己的职业相称。朋友间的拜访可以随意一些。

(2) 备好资料。拜访时定要充分准备好相关资料，以免措手不及，让对方感觉自己办事不踏实。拜访前，要提前备好自己的名片，放在容易取出的地方。准备商量什么事？拜访要达到什么目的？这些都应事先做打算。如果是礼节性拜访，还应适当带些礼物以示敬意。

(3) 按时到达。预定了会面的具体时间，访问者应该如期而至。在西方国家，准时赴约是判断对方可信度的一个最基本的标准。因故不能赴约，必须提前通知对方，以便对方安排其他事情；如果估计要迟到，一定要及时通知对方，告诉对方自己预计到达的时间，并对自己的迟到表示歉意。到达时，不要再喋喋不休地解释原因。早到容易打乱别人的安排，提前3～5分钟赴会是最佳时间。

(4) 举止文雅。无论是到办公室还是到寓所拜访者，要做到彬彬有礼、衣冠整洁、谈吐得体。进入室内，应该先敲门或按门铃，待到有回音或有人开门相让才可以进门，不要冒失地随意进入。商务拜访要体现自己的职业感。入室前，有鞋垫应先在鞋垫上擦净鞋底，不要把脏物带进室内。入室后的"四除去"是指取掉帽子、墨镜、手套和外套。如果与拜访对象素不相识，应先进行自我介绍；如果以前认识，应相互问候或握手致意。如果主人家里有其他客人，无论是否熟悉，都应礼貌地打招呼。如果主人是长者或有一定的地位，应等主人坐下或招呼坐下后再落座。

对主人或主人委派的人送上的茶水，应从座位上起身，双手接过并表示感谢。喝茶应慢慢品饮，不要一饮而尽。主人献水果，应等到年长者或其他客人动手后再取。不要随便抽烟，并把烟灰、纸屑等污物扔在地上或茶几上。

不要翻动别人的书信和工艺品。与主人或其家人进行交谈时，要慎择话题，切勿信口开河。若是因公谈事，最好在进屋寒暄后尽快转入正题，以免耽误对方过多的时间。要认真聆听对方讲话，并注意对方情绪的变化，适时而恰当地应对，不要用争辩和补充说明打断对方的话。一般而言，天气在日常谈话中总是个不错的话题。

5.1.3 告辞礼仪

在拜访他人时要注意在对方的办公室成私人居所里停留的时间。不要因为自己停留的时间过长而打乱主人的其他日程。在一般情况下，礼节性的拜访，尤其是初次名登门拜访，应控制在 15 分钟至半小时之间。最长的拜访，通常也不宜超过 2 小时。有些重要的拜访，往往须要由主宾双方提前议定拜访的时间和长度。在这种情况下，务必要严守约定，绝不单方面延长拜访时间。自己提出告辞时，即使主人表示挽留，仍须执意离去，但要向对方道谢，并请主人留步。在拜访期间，若遇到主人有其他重要的客人来访，或主人一方表现出厌客之意，应当机立断，主动告退。

5.2　商务人员的接待礼仪

接待迎送是商务活动中一项经常性的工作。公务人员在接待迎送中的礼仪表现，不仅关系到本人的形象，而且还涉及所代表的组织形象。因此，接待礼仪和迎送礼仪历来受到重视。

5.2.1　接待规则

接待是指个人或单位以主人的身份招待有关人员，以达到某种目的的社会交往方式。接待和拜访一样，同样可以起到增加联系、提高工作效率、交流感情、沟通信息的作用，是人和单位经常运用的社会交往方式。

无论是单位还是个人，在接待来访者时，都希望客人能乘兴而来、满意而归。为达到这一目的，主方需遵循平等、热情、礼貌、友善的原则。遵循这一原则，就要求在同一时间、同一地点、同一场所接待来自不同单位、不同部门、不同地域的客人时，不能厚此薄彼、嫌贫爱富。在具体的接待过程中，既可借鉴别人的成功做法，参照惯例，又可依对方以往招待我们的做法，礼尚往来。

若接待多方客人，需排列礼宾次序，可根据具体情况依以下几种方法进行排列：按行政职务的高低排列；按照礼宾的所在单位或者所在国家的字母顺序排序；按照先来后到的到场顺序进行排列；按照报名的先后顺序排列；或者不排列。

5.2.2 公务接待

1. 准备工作

接待工作首先应了解来访者的基本情况，弄清对方的国别、名称、成员名单、来访目的、到达的车次航班等内容。如果来访者是预先约定好的重要客人，则应根据来访者的地位、身份等确定相应的接待规格和程序。根据国际惯例，主要迎送人通常同来宾的身份相当。

掌握了以上情况后，再制订一份周密的（中外文）书面接待活动日程安排表，包括迎送、会见、会谈、签字仪式、宴请、参观游览、交通工具、餐饮时间、陪同人员等详细内容。日程安排应尽量事先征询来宾意见，还要考虑来宾的风俗习惯和宗教信仰。

遇到高层外宾来访，要按上级接待部门的通知要求迎接，组织好迎送仪式、场地布置、献花、照相等内容。比如，飞机或车船抵离时间、献花人员的挑选和鲜花花束的准备、介绍主宾相见的方式、车辆顺序的编排、座次的安排、国旗的悬挂等，都要逐项落实。日程安排妥当后，要让来宾抵达后及时做到人手一份。

2. 迎接

主方接待人员应品貌端庄、举止大方，提前到达车站或机场，恭候客人的到来，绝不能迟到而让客人久等。若主人姗姗来迟，必定会在客人心里留下不好的印象，事后无论怎样解释，都难以消除。若因某种原因，相应身份的主人不能前往，前去迎接的人应向客人作出合理的解释。

接到客人后，应首先问候"一路辛苦了""欢迎您的到来"等，然后向对方做自我介绍，如果有名片，可送与对方。

主人应提前为客人准备好交通工具，不要等客人到了才匆匆忙忙应对。提前为客人准备好住宿，帮客人办理好一切手续并将客人领进房间，同时向客人介绍住处的服务、设施，将活动的计划、日程安排交给客人，并把准备好的地图等介绍材料送给客人。

将客人送到住地后，主人不要立即离去，应稍作停留，热情交谈，谈话内容要让客人感到满意，比如客人参与活动的背景材料、当地风土人情、有特点的自然景观、特产、物价等。考虑到客人一路旅途劳累，主人不宜久留，应让客人早些休息。离开时，主人还要将下次联系的时间、地点、方式等告诉客人。

3. 商务接待应注意的事项

（1）微笑接待，礼貌周到。对来访者，接待人员一般应起身握手相迎，对上级、长者、客户来访，应起身上前迎候，鞠躬握手并说欢迎词，如"欢迎光临，我们主任正在等候您，请跟我来"，或可以边说"欢迎光临"，边用手势请客人入内。

（2）守时。约见客人，主人应提前到达约定的场所，宁可自己等候客人，也不可让客人等候自己。约请客人，不但自己要守时，而且要求职员养成礼貌待客的习惯。

（3）不能让来访者坐冷板凳。如果有事暂不能接待来访者，应安排秘书或其他人员接待，不能冷落了来访者。

（4）要认真倾听来访者的叙述。公务往来，来访者都是为了谈事情而来，因此应尽量让来访者把话说完，并认真倾听。

（5）对来访者的意见和观点不要轻率表态，应思考后再答复。对一时不能作答的，要约定一个时间再联系。

（6）对能够马上答复或立即能办理的事，应当场答复、迅速办理，不要让来访者无谓地等待，或再次来访。

（7）正在接待来访者时，如有电话打来或有新的来访者，应尽量让秘书或他人接待，以避免中断正在进行的接待。

（8）对来访者的无理要求或错误意见，应有礼貌地拒绝，不要让来访者尴尬。

（9）如果要结束接待，可以婉言提出，如"对不起，我要参加一个会。今天先谈到这儿好吗"等，也可用起身等体态语言告诉对方谈话就此结束。

（10）热情挽留。一般情况下，不论宾主双方对接触的具体时间长度有无约定，告辞均须由客人首先提出。如果主人首先提出送客或是以自己的动作表情暗示送客之意，都是极其不礼貌的。当来宾提出告辞时，主人通常应对其热情挽留，可告知对方自己不忙，或是请对方再坐一会儿。若来宾执意离去，主人可在对方先起身后再起身相送。

4. 引导方法

接待人员带领客人到达目的地，应该有正确的引导方法和引导姿势。在走廊时，接待人员在客人两三步之前，配合步调，让客人走在内侧。在楼梯上，引导客人上楼时，应该让客人走在前面，接待人员走在后面；下楼时，应该由接待人员走在前面，客人走在后面。在电梯里，引导客人乘坐电梯时，接待人员先进入电梯，等客人进入后关闭电梯门。到达时，接待人员按按钮，让客人先走出电梯。在客厅里，当客人走入客厅，接待人员用手指示请客人坐下，看到客人座下后才能行点头礼貌离开。另外需要注意的是，对于一般客人，引领人员走在前面；如果是重要的客人，单位领导宜亲自出面陪同引导，这意味着对客人的重视和尊重。

5. 引领手势

规范的手势应该是手掌自然伸直，掌心略内向上，手指并拢，拇指自然稍稍分开，手腕伸直使手与小臂呈直线，肘关节自然弯曲，大小臂的弯曲以140度为宜。在出手时，要讲究柔美流畅，做到欲左先右，避免僵硬死板。同时，配合眼神、表情和其他姿态，使手势协调大方。

在表示"请进""请"时常用横摆式，做法是：五指并拢，手掌自然伸直，手心向上，肘微弯曲，腕低于肘。开始做手势应从腹部之前抬起，以肘为轴向一旁摆出，到腰部并与身体正面成45度时停止。头部和上身微向伸出手的一侧倾斜，另一只手下垂或放在背后，目视宾客，面带微笑，表现出对宾客的尊重、欢迎。在接待客人时，较多地采用横摆式。练习时，也较多运用这种手位姿势。

当来宾较多时，表示"请"的动作可以大一些，采用双臂横摆式。做法是：两臂从身体两侧向前上方抬起，两肘微曲，向两侧摆出，指向前进方向一侧的臂应抬高一些、伸一直些，另一只手稍低一些，也可以双臂向一个方向摆出。

请客人落座时，手势应摆向座位的地方。做法是：手要先从身体的一侧抬起，到高于腰部后再向下摆去，使大小臂呈一斜线。

需要给宾客指方向时，用直臂式。做法是：手指并拢，掌伸直，曲肘从前抬起向指引的方向摆去，摆到臂的高度时停止，肘关节基本伸直。指引方向时不可用一个手指指示，这样显得不礼貌。

6. 会见礼仪

会见前，主人应在门口迎候客人，可以在大楼正门迎候，也可以在会客厅迎候。如果主人不到大楼门口迎候，则应由工作人员在大楼门口迎接，引入会客厅。会见结束，主人应送客人至车前或在门口握别，目送客人离去。谈话过程中，旁人不要随意进出。

安排宾主座次时，主宾坐在主人的右边，译员、记录员安排坐在主人和主宾的后面。其他外宾按礼宾顺序在主宾一侧就座。主方陪见人在主人一侧就座，座位不够时可在后排加座。

5.2.3 家庭接待礼仪

有客人来访时，主人应提前做好准备。主人的服饰要整洁，家庭布置要干净美观，必要时还需要对孩子做些交代叮嘱，水果点心、饮料、菜肴等要提前准备好。接待前搞好个人卫生和室内外的清洁卫生是对客人的尊重。客人在约定时间到达，主人应提前到门口迎接，不宜在房中静候，最好是夫妇一同前往。见到客人，主人应热情招呼，女主人应主动伸手相握。对待客人的来访，主人不能只顾忙自己的，出现把客人晾在一边的现象，若无法与客人交谈，可安排身份相当者代陪或提供报纸杂志，或打开电视供客人消遣。总之，家庭接待要本着亲切、自然的原则，营造良好的氛围。

5.3　掌握商务人员的馈赠礼仪

人们相互馈赠礼物，是社会生活中不可缺少的交往内容。《礼记·曲礼上》说："礼尚往来。往而不来，非礼也；来而不往，亦非礼也。"馈赠，是与其他一系列礼仪活动同时产生和发展起来的。所谓馈赠，是指人们向其他人表达某种个人意愿，而将某种物品不求报偿地送给对方。馈赠也可以叫馈送，在现代人际交往中，馈赠礼物仍然是人们往来的有效媒介之一，它像桥梁和纽带一样直接明显地传递着情感和信息，寄托着人们的情意，无言地表达着人与人之间的真诚关爱，久远地记载着人间的温暖。

5.3.1　商务馈赠的基本规则

馈赠作为社交活动的重要手段之一，受到古今中外人们的普遍肯定。馈赠是种非语言的重要交际方式，以物的形式出现，以物表情，礼载于物，起到寄情言意的作用。得体的馈赠，恰似无声的使者，给交际活动锦上添花，给人们之间的感情和友谊注入新的活力。送给谁（Who）、为什么送（Why）、如何送（How）、送什么（What）、何时送（When）、在什么场合送（Where），是一个既老又新的问题。因此，我们只有在明确馈赠目的和遵循馈赠基本原则的前提下，在弄清以上"6W"的基础上，才能真正发挥馈赠在交际中的重要作用。

要使馈赠活动顺利进行，首先应了解以下四条基本原则。

（1）重情感。俗话说"礼轻情意重"，也就是说礼品价格的高低并不与价值或者人们寄托情感的深浅成正比。礼物是言请寄意的，是人们情感的寄托物。有价的物只能寓情于其身，而无法等同于情。

（2）重效用。同一切物品一样，当礼以物的形式出现时，礼物本身也就具有了价值和实用价值。在生活水平较高时，人们会倾向于选择艺术欣赏价值较高、趣味性较强和具有思想性、纪念性的物品作为礼品。无论是使用价值还是欣赏价值，对收礼者而言都是可用的。

（3）重时机。在传统节日或对方的纪念日赠送礼品，易使双方感情更为融洽。一般来说，时间贵在及时，超前或滞后都达不到馈赠的目的。在会见或会谈时，如果准备向主人赠送礼品，一般应当选择在起身告辞之时，或向交往对象道喜、道贺时。如果向对方赠送礼品，通常应当在双方见面之初。

（4）避禁忌。由于民族、生活习惯、生活经历、宗教信仰以及性格、爱好的不同，不同的人对同一礼品的态度是不同的。馈赠前一定要了解受礼者的喜好，尤其是禁忌。

5.3.2 商务馈赠的目的

任何馈赠都是有目的的，或为结交，或为祝颂庆贺，或为酬宾谢客，或为其他。

1. 以交际为目的的馈赠

这是一种为达到交际目的而进行的馈赠，有以下两个特点。

（1）送礼的目的与交际目的直接一致。无论是个人还是组织机构，在社交中为达到一定目的，针对交往中的关键人物和部门，通过赠送一定礼品，以达到交际目的。

（2）礼品的内容与送礼者的形象一致。礼品的选择，遵循的一个非常重要的原则就是要使礼品能反映送礼者的寓意和思想感情，并使寓意和思想与送礼者的形象有机地结合起来。

2. 以巩固和维系人际关系为目的的馈赠

这类馈赠，即是人们常说的"人情礼"。在人际交往过程中，无论是个人还是组织机构之间，都会产生各类关系和各种感情。人与生俱来的社会性，要求人们必须重视这些关系和感情。围绕如何巩固和维系人际关系和感情，人们采取了许多办法，其中之一就是馈赠。这类馈赠，强调礼尚往来，以"来而不往非礼也"为基本行为准则。因此，这类馈赠，无论从礼品的种类、价值的轻重、档次的高低、包装的精美、蕴含的情义等方面，都呈现出多样性和复杂性。这在民间交往中尤其重要。

3. 以酬谢为目的的馈赠

这类馈赠是为答谢他人帮助而进行的，因此在礼品的选择上十分强调物质价值。礼品的贵贱厚薄，首先取决于他人帮助的性质。帮助的性质分为物质和精神两类。一般说来，物质的帮助往往是有形的，能估量的；而精神的帮助则是无形的，难以估量的，然而其作用又是相当大的。其次取决于帮助的目的，是慷慨无私的，还是另有所图的，还是公私兼顾的。只有那种真正无私的帮助，才是值得真心酬谢的。再次取决于帮助的时机。一般情况下，危难之中见真情。因此，得到帮助的时机是日后酬谢他人最重要的衡量标准。

4. 以公关为目的的馈赠

这类馈赠表面上看来不求回报，而实质上其索取的回报往往更深地隐藏在其后的交往中。它是一种为达到某种目的而用礼品的形式进行的活动，多发生在对经济利益的追求和对其他利益的追逐活动中。

5.3.3 馈赠礼品的选择

赠送礼品给亲朋好友，本是一件令人愉快的事，但若礼品选择不佳，或者触犯了某些禁忌，则可能好事变坏事，令对方感到不快。在挑选礼品赠送给友人时，一般需要注意以下几个问题。

1. 重视礼品的情感性

馈赠礼品要重视其情感意义，选择礼品要认真、心诚，能够体现自己所倾注的时间、才智和努力。可以通过仔细观察或打听了解受礼者的兴趣爱好，然后有针对性地精心挑选合适的礼品，尽量让受礼者感觉到馈赠者在礼品选择上是花了一番心思的，是真诚的。

2. 突出礼品的纪念性

一般不赠送过于贵重的礼品，因为这会让受礼者产生受贿之感。另一方面，若受礼者的经济能力有限，当接到一份过于贵重的礼品时，其心理负担一定会大于受礼时的喜悦。其次，要体现礼品的特色性。送人礼品，与做其他许多事情一样，最忌讳"老生常谈""千人一面"。选择礼品，应当精心构思，匠心独运，富于创意，力求新、奇、特。特别是赠送给外国友人，具有民族特色的物品是深受欢迎的。

3. 明确礼品的针对性

送礼的针对性，是指挑选礼品时，应当因人、因事而异。因人而异，指的是选择礼品时务必要充分了解受礼人的性格、爱好、修养与品位，尽量使礼品为受礼人喜爱。因事而异，则指的是在不同的情况下，向受礼人赠送的礼品应当有所不同。一般而言，对家贫者，以实惠为佳；对富裕者，以精巧为佳；对恋人、爱人，以纪念性为佳；对朋友，以趣味性为佳；对老人，以使用为佳；对孩子，以启智新颖为佳；对外宾，以特色为佳。

5.4 赠送礼品的艺术性

即便是精心挑选的礼品，如果不讲究赠礼的艺术和礼仪，也很难达到预期效果。

5.4.1 赠送礼品的准备与方式

1. 注重包装

精美的包装不仅使礼品外观更具艺术性和高雅情调，而且还可以显示出赠送人的文化艺术品位。特别是对外国人而言，包装是礼品的有机组成部分之一，被视为礼品的外衣，送礼时不可或缺。否则，就会被视为随意应付受礼人，甚至还会导致礼品自身因此而"贬值"。鉴于此，送给友人的礼品，一定要事先进行精心的包装，对包装时所用的一切材料都要尽量择优而用。

2. 讲究场合

当众只给一群人中的一个人赠礼是不合适的，给关系密切的人送礼也不宜在公开场合进行。只有象征者精神方面的礼品，如锦旗、牌匾、花篮等才可在众人面前赠送。

3. 明确方式

送出礼品时一定要大方自然，只有态度平和友善、动作落落大方并伴有礼节性的语言，才容易让受礼者接受礼品。把礼品不声不响地丢在某个角落然后离开是不适当的。为表达自己的诚意，双手送上为宜。若同时向多人赠送礼品，最好先长辈后晚辈、先女士后男士、先上级后下级，按照次序，有条不紊地进行。

4. 补充说明

赠送礼品时，一是要适当、认真地说明因何送礼；二是送礼时无须自我贬低，应实事求是地说明自己诚恳的态度；三是介绍礼品的寓意，多讲几句吉祥话是必不可少的；四是说明礼品的用途，对较为新颖的礼品可以说明礼品的用途、用法。

5.4.2 赠送礼品的接受与相应的行为

1. 欣然接受

当朋友向自己赠送礼品时一般应当大大方方、高高兴兴地接受下来，没有必要跟对方推来推去，过分地客套。在接受赠送的礼品时，当起身站立，面带笑容，双手接过礼品。

2. 表达感谢

在国际社会，特别是在许多西方国家中，受礼人在接受礼品时，通常习惯于当着送礼人的面立即拆开礼品的包装，然后认真地对礼品进行欣赏，并且对礼品适当地赞赏几句。中国人以前难以接受这种做法，但现在这种做法已经逐渐演化为受礼人在接受礼品时必须讲究的一种礼节。

3. 不宜拒收

一般情况下，只要不是贿赂性礼品，一般最好不要拒收。如果觉得送礼者别有所图，应当向他明示自己拒收的理由，态度不要坚决，方式要委婉。

4. 礼尚往来

若礼品是由他人代为转交的，最好在一周之内写信或打电话给送礼人，向对方正式致谢。或者是告诉对方，他送给自己的礼品自己不仅十分喜欢，而且经常使用。接受了他人的馈赠，如果可以应予以回礼。有礼有节的馈赠活动，有利于拉近双方的距离，增加合作的机会。

案例分析

一次并不成功的拜访

在组建销售队伍时，我请来一位老朋友，他一直在销售同类的产品，我对他寄予厚望。他进入公司后，业绩很不稳定，遇到大订单就可以完成任务，否则就完不成。我决定和他一起去拜访客户，看看到底是怎么回事。我们计划拜访A公司的赵主任，当我们如约来到客户办公室后，我发现客户的桌子上摆着我们的产品，旁边的机房内堆有不少我们产品的包装箱，而且客户对我们很热情。这些都是很好的兆头。由于我希望观察销售人员是怎么进行销售的，决定尽量让他独自与客户交谈。以下是他们的对话。

"赵主任，我们的产品您用得好吗？"

"不错，我们以前用的都是其他公司的，现在都改用你们的了。"

"对，我们采用按订单生产的模式，每一台都按照客户的要求配置生产，经过测试以后直接交付客户，按照客户的要求上门安装。在整个过程中，质量得到严格的控制和保证。以前做分销的时候，先从厂家采购大批产品，当客户要的和我们定的标准配置不同时，我们就在市场上抓一些兼容的零件拼装上去。"

"是吗？我一直不知道经销商是这样改变配置的。"

"这也不是经销商的问题，他们的经营模式决定他们只能这样做。很多产品故障就是因为经销商在改变配置时没有佩戴防静电子套造成的。"

"是吗？你们产品的质量确实不错。我们最近要启动一个新项目，我就建议用你们的。"

"不止质量不错，我们还提供三年上门服务，只需一个电话，如果是硬件问题，我们的工程师会在第二个工作日上门维修。"

"上门服务对我们很重要，机器一出问题，他们就打电话给我，我就要派人立即去修，我们的技术人员很辛苦。"

"如果您采购了我们的产品就不用这么辛苦了。目前我们公司的市场份额已经是全球第一，虽然只有17年的历史，取得这么大的成功是因为我们独特的直销模式，我来给您介绍我们的直销模式吧。"

时间过得很快，客户听得津津有味，但客户开会的时间到了。

"赵主任，您要去开会了吗？今天聊得很投机，我就不能误您的时间了，告辞。"

销售人员高高兴兴地离开了客户的办公室，我询问他对这次拜访的体会，他说，"很好啊，客户很喜欢我们公司。"

讨论

（1）销售人员的这次拜访成功吗？

（2）如果你是这位销售人员，会如何做这次拜访？

模块 6

商务会议礼仪

情境导入

时间指针在滴滴答答地转动，慢慢地指向了 10 点，行政秘书佩琪看了看时间，立即开始着手准备 10∶30 的部门经理例会。在同事的帮助下，佩琪确定了参会人员、座次安排等一系列准备工作，虽然有些累，但收获颇丰。

我们的任务

思考问题
（1）在商务会议开始之前，佩琪做了哪些准备工作？
（2）请你说一说，佩琪在安排会议的座次时应该注意些什么问题？
（3）会议进行中，需要遵循哪些礼仪？

我们的目标

（1）熟知商务会议的概念及组织流程。
（2）懂得商务会议礼仪的规范和要求，理解商务礼仪位次排列应注意的问题。
（3）熟练运用商务会议服务礼仪，并能与实践工作相结合。

我们来学习

6.1 认识会议

6.1.1 会议的概念

会议是在一定背景之下为实现一定的目的，由主办或主持单位组织的，由不同层次和不同数量的人参加的一种事务性活动。会议是洽谈商务、布置工作、沟通交流的重要方式，也是现代经济社会中一项重要的商务活动。会议礼仪贯穿于会议的筹备、组织、主持、参与等一系列环节中，对会议效果有着直接的影响。

6.1.2 会议的基本要素

1. 会议人员

（1）会议主体，指主要策划、组织会议的人员。

（2）会议客体，即参加会议的对象，包括正式成员、列席成员、特邀成员和旁听成员。

（3）其他与会议有关的人员，包括主持人、会议秘书人员和会议服务人员等。

2. 会议名称

会议的名称要求能概括并显示会议的内容、性质、参加对象、主办单位以及会议的时间、届次、地点、范围、规模等。如"深圳××股份有限公司第××次（××年度）股东大会"则显示了单位、时间、届次、范围、规模、性质和参加对象。

3. 会议议题

商务会议的议题是根据会议目的来确定并付诸讨论或解决的具体商务问题，是商务会议活动的必备要素。举行会议首先要明确为什么而"议"和"议"什么。

4. 会议时间

会议时间是指商务会议的召开时间和会期两方面。

会议的召开时间，指的是会议开始和结束的时间节点。

会期通常是指会议期间聚会活动一次以上的会议，从开始到结束所需要的时间段。会议可短可长，短则几分钟、十几分钟，长则数小时、几天，甚至十几天。

5. 会议地点

会议地点是指商务会议的举办地，也可指举行会议活动的场所。

为了使会议取得预期效果，应根据会议的性质和规模来综合考虑会场的大小、交通情况、环境与设备等因素。

6. 会议方式

会议方式，即为了提高会议效率，实现商务目的而采取的各种形式或手段，如现场办公会、座谈会、观摩会、报告会、调查会、电话会等。现在，随着电讯媒体的广泛运用，有些企业已采用虚拟实境会议，也就是视频会议的形式，还有有线电视、卫星通信等手段，使企业在开会方式上有了空前的发展。

7. 会议结果

会议结果，即会议结束时实现目标的情况。会议结果可能与预想的目标一致，也可能与预想目标有一定的差距。会议最好能达到会前预设的目标；如果不能，也至少要有会议结果，即使只是一个初步的决议或达成初步协议。会议结果通常以会议决议的形式记载下来，可以归档保存，也可以直接传达。

6.1.3 会议的作用

会议的作用总的来说就是"增"了解、"促"交流、"议"问题、"定"结论、"聚"共识。

6.1.4 会议的特点

1. 有主题

会议的召开总是围绕着相关主题进行的，无主题，无会议。

2. 有领导

会议的举办离不开领导的重视与推动，离不开专人领导与主持。

3. 有计划

会议都有完善的计划方案与预案，确保会议能顺利进行。

4. 有组织

会议需要相关部门的组织、协调才能更好地达到会议的目的，才能更好地服务与会人员。

6.1.5 会议的分类

1. 按规模划分

按会议的规模划分，可将会议分为小型会议、中型会议和大型会议。小型会议是指百人以下的会议，中型会议是指数百人的会议，大型会议是指数千人的会议。

2. 按目的划分

按会议召开的目的划分，可将会议分为行政式会议（行政会、董事会等）、业务型会议（展览会、供货会等）、群体性会议（职代会、团代会等）与社交型会议（茶话会、联欢会等）。

3. 按形式划分

按照会议召开的形式划分，可将会议分为小组会、座谈会、报告会、电话会议与视频会议等。

4. 按级别

按照会议的级别划分，可将会议分为总部会议和分公司会议。这是依据公司的等级划分的，自上而下有跨国公司总部会议、总公司会议、分公司会议、部门会议、工作项目组会议等。

6.1.6 会议场所、环境和布置

要根据交通、客量、环境与设备等因素落实会场。会议环境的基本要求：整洁干净、安静隔音、光线柔和、照明适宜、温度适宜、空气新鲜、布局美观大方且符合会议主题。

1. 会议场所的选择

（1）列出可供选择的清单。

1）专业的会议中心，如北京国际会议中心、上海国际会议中心、广州白云国际会议中心等。

2）会议功能比较强的酒店、度假村，如九华山庄、中信国安第一城等。

3）酒店内的专业会议中心，如北京国际饭店的国际会议中心、温都水城的会议中心等。

4）单位内部的会议室或会议室群。

5）新建的会展中心建筑或建筑群，既有很强的会议功能，展览设施也很过硬，如国家会议中心等。

（2）根据清单综合考虑会议类型与场所的搭配。

1）研究和开发会议——有利于思考。

2）重大奖励、表彰型会议——要有一定档次。

3）交易会和产品展示会——有展示空间、交通便利。

注意：实地考察并列表注明要点，如参观一下客房和餐厅，品尝一下饭菜，亲眼看一下会场设施，检查一下环境和卫生；还要注意一下会议地点有无充足的停车位，并在回来后画出会议地点的详细路线图。

2. 会场的布置

（1）会场座位格局设计和安排。

设计和安排会场座位格局是会场布置的首要任务。会场大小和与会人数多少是影响会场座位格局设计和安排的两个重要因素。会场场型主要有以下几种类型。

1）上下相对式。

上下相对式包括课堂（或礼堂）形和"而"字形。课堂（或礼堂）形是最常见的一种座位格局。这种形式既适合于大型会议，又适合于小型会议，如图6-1

所示。"而"字形如图 6-2 所示。

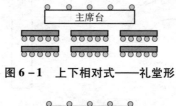

图 6-1　上下相对式——礼堂形

图 6-2　上下相对式——而字形

2）全围式。

全围式格局适用于召开小型会议以及座谈性、协商性等会议。全围式格局有圆形、方形、"八角"形、"回"字形等，具体形式如图 6-3 所示。

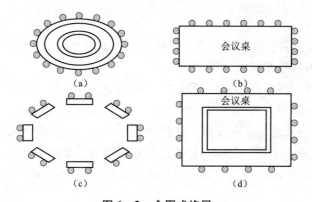

图 6-3　全围式格局

(a) 圆形；(b) 方形；(c) "八角"形；(d) "回"字形

3）半围式。

半围式突出了主席台的地位，又增加了融洽的气氛，适用于中小型的工作会议等。半围式包括如"桥"形、T字形、V字形、"马蹄"形等，如图 6-4 所示。

4）分散式。

分散式，即将会场座位分解成由若干个会议桌组成的格局，每一个会议桌形成一个谈话交流中心，与会者根据一定的规则安排就座，其中领导人和会议主席就座的桌席称主桌。这种座位格局既在一定程度上突出主桌的地位和作用，同时，也给与会者提供了多个谈话、交流的中心，使会议气氛更为轻松、和谐，适合召开规模较大的联欢会、茶话会等。

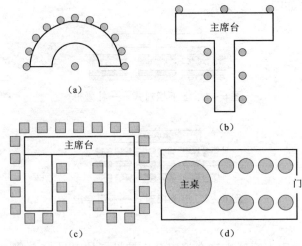

图 6-4 半围式格局
(a)"桥"形；(b) T 字形；(c)"马蹄"形；(d) V 字形

5）并列式。

并列式，即将会见与会谈的座位安排成双方纵向并列或者横向并列的格局。

（2）会场的其他布置。

1）主席台的布置：一是要对称；二是要简化。主席台的座次安排一般是职务最高的居第一排正中。

2）场内其他人员的座次安排：横排法、竖排法、左右排列法。

3）会场内外的布置：会标、会徽、台幕、标语、桌签、坐签、色调、灯光、气味、旗帜、花卉、会议桌、椅、台布、桌裙、茶杯、杯垫、烟灰缸、纸、笔等。

4）会议摆台准备用具。

会议摆台服务程序为先铺好台布，要求台布平整，中缝方向一致；椅子摆放整齐，使其侧看在一条直线上。

会议摆台服务标准为每位摆放一份报纸、纸垫、铅笔，纸垫与桌边的距离为 1 厘米，铅笔尖朝左上角成 45 度角或与纸平行，摆在纸上；茶杯（水杯）要放在杯垫上，摆在纸的右上方，摆放要整齐，侧看成一条直线；烟灰缸按每两人摆放一个，摆在一条直线上。

3. 会议的座位安排

一般来讲，在安排会议座位的时候，要清楚 3 点。

第一，是否需要进行排列位次。有的时候，小型会议只有两三个人，那就没必要排位次了。

第二，会议的性质和形式是什么。不同性质、不同形式、不同规模的会议，坐次排列讲究不一样，要格外注意内外有别、中外有别。

第三，注意会议座位安排的规范化、标准化。

严格意义上来讲，会议大体上分为小型会议、大型会议。小型会议一般是指本系统内部的会议，大型会议一般是跨行业、跨部门、跨机关、跨地区的综合性会议。下面分别介绍。

（1）小型会议座位安排。

小型会议参加者较少，规模不大，不设立专用的主席台，适合工作周例会、月例会、技术会议、董事会等。小型会议的座位安排，一般遵循以下原则。

1）面门为上：就是主席台、主持人、发言人面对会议室正门而坐。一般适用于汇报工作、洽谈生意。

2）居中为上：就是中央的位次高于两侧。

3）远门为上：距离门远的座位高于门近的座位。

4）依景或观景为上：指背依会议室之内的主要景致，如字画、讲台等为上座，或面对优美风景、讲台、屏幕等重要景致的座位为上。

5）以左或右为上。中外有别，会见有别。遵循中国传统惯例，一般以居中座位面对的方向为准，以左为上；但与客人相对或并列而坐时，以右为上。有外宾参加的会议，通常遵循国际惯例，以居中座位面对的方向为准，以右为上。

6）自由择座为上。不排定固定的具体座次，而由全体与会者完全自由地选择座位就座。

（2）大型会议座位安排。

大型会议参与者较多，规模较大，要设立专用的主席台，适合企业职工代表大会、新闻发布会、报告会等。大型会议实际上涉及两个问题：第一，主席台上位次的排列；第二，与会者位次的排列。

1）主席台排座。

主席台一般面对会场主入口，主席台成员面前桌上应放置双向桌签，分为主席团排座、主持人座席、发言者席位。

主席团排座一般遵循国内习惯，前排高于后排，中央高于两侧，左侧高于右侧。不管领导人数是单数或双数，采用"左臂右膀"的方法，2号领导始终位于1号领导的左手边；如果遵循国际惯例，则刚好相反。

主持人之位可在前排正中，可在前排两侧，也可按照相应的级别和职务排在头一排的任意位置，但不适宜坐在后一排。

一般小型会议，发言者可以在原座位或站或坐发言。但在重要或正式会议上，发言者发言的时候不宜坐在原处。发言席可设于主席台正前方，或者其右前方。

2）与会者排座。

自由式择座：就是散座。这种排座方式存在一个问题：就是很多人不愿意坐第一排，喜欢跟自己熟悉的人坐在一起，喜欢交头接耳，使得会场上人数或多或少、分布不均，而且会影响会场安静。

按单位或部门就座：就是划区域就座，要某一个部门、团队、集体坐在指定的位置。一般是强调左高右低的，按照部门约定的排列顺序或者是按照拉丁字母的顺序或者汉字笔画的顺序，从进门方向的左侧向右侧排，这是竖排。还有一个办法是横排，从前排向后排排。这两种办法一般是交替使用的。

6.1.7 会议组织的基本流程

1. 会前准备工作

要开好一个会议，准备工作是十分重要的。会前周密详尽的准备，是会议圆满成功的基础。会议的准备工作，包括以下几个方面。

（1）建立组织。

召开一个会议，要有许多人参与组织和服务工作。这些人应有明确的分工，各负其责。建立各种小组，使其在统一领导之下，各自独立地开展工作。一般会议由大会秘书处负责整个会议的组织协调工作。秘书处下设秘书组，负责会议的日程和人员安排，以及文件、简报、档案等文字性工作；总务组，负责会场、接待、食宿、交通、卫生、文娱和其他后勤工作；保卫组，负责大会的安全保卫工作。根据会议的规模、性质还可以增设其他必要的小组。

（2）明确任务。

全体工作人员应当明白本次会议的目的，更要明确自己的工作任务及具体要求，保证不出差错，不贻误工作。

（3）安排议题和议程。

秘书处要在会前把会议要讨论、研究、决定的议题整理出来，列出议程表，提交领导确定。根据确定的议题，安排日程，保证会议有序地进行。

（4）确定与会人员。

确定与会人员是一项很重要的工作。该到会的，一定要通知到；不应当到会的，就不应当参加。如果出现了差错，后果是很严重的。确定与会人员，可以采取以下方法。

1）查找有关文件、档案资料。

2）请人事部门提供与会人员名单。

3）征求各部门意见。

4）请示领导。

大型会议，还要对与会人员进行分组，便于分头讨论，组织活动。

（5）发出通知。

名单确定后，即可向与会人员发出通知，便于他们做好准备工作。有时，准备工作量比较大，而距离开会时间还远，可以先发一个关于准备参加会议的通知。在开会前，再发出正式开会通知。

通知一般采用书面形式，内容包括：会议名称、开会的目的、内容、与会人应准备和携带的内容、开会日程、期限、地点、报到的日期、地点、路线等。

与会人接到通知后，应向大会报名，告知将参加会议，以便大会发证、排座、安排食宿等。

(6) 会场布置的安排。

会场布置和安排是会议的又一项重要工作。会议的气氛主要靠会场的布置来渲染。会议室应当根据会议的内容来安排，或庄严肃穆，或郑重朴素，或明快大方，或热烈欢快，总之，会场的布置应与会议内容协调。

如果需要设置主席台，应设在代表席对面的地方。现在一般在主席台前设讲台，用于发言人讲话。主席台上可适当摆放鲜花点缀。主席台背后悬挂会标或旗帜，主席台上方悬挂会议名称的标语。

(7) 座次安排。

与会者的席位应当统一安排，照顾全面。因为座位有前有后，有正有偏，在排座位时要根据不同情况，妥善安排，照顾到各个方面。

(8) 准备会议所需要的用品及文件材料。

会议用品是指各类会议都需要的用品和设备，包括文具、桌椅、茶具、扩音设备、照明设备、空调设备、投影和音像设备等。

会议文件资料主要有议程表和日程表、会场座位分区表和主席台及会场座次表、主题报告、领导讲话稿、开幕词和闭幕词、其他发言材料、其他会议材料料等。

(9) 印制证件。

证件是出席会议的证明，是表明与会者身份、资格、权利、待遇的证件。代表证、记者证、工作人员证要用不同颜色的字或纸印刷，以示区别。

(10) 接待和报到。

外地与会者到达时，应安排工作人员到车站、码头、机场接站。

到驻地后，与会者持通知书到大会报到处报到。报到处接待人员应礼貌接待，验看有关证件后即安排食宿，登记联系的地点、方式，并发给证件、文件等。

报到人数至少每天向秘书处汇报一次。

2. 会议中的礼仪

大会开幕时，会场内外还有大量工作要完成，各部门要按照分工开展工作，保证会议顺利进行。

(1) 签到。

与会者进入会场要履行签到手续，凭证明入场，以便统计人数。

小型会议，可以在入口设签到处，与会者入场时，先在签到簿上签上姓名，即表示到会。大、中型会议不用这种方法签到，否则会造成入口处拥挤、混乱。

一般可采取事先发签到卡,与会者在入口处把签到卡交给签到处工作人员,即表示签到。

统计人数要准确、及时、迅速,以备领导询问代表到会情况。这项工作看似简单,实际要做好是很不容易的。比如领导询问到会几个人,正式代表到了几人、缺几人,就不那么容易统计了。

(2) 安排发言。

大会发言要事先排定人选和次序,秘书处可以提出初步意见,请领导确定。确定发言人应注意三个平衡。

一是领导人之间的平衡。高一级领导或主要领导的发言,如果是开幕词、动员性的或启发性的,应安排在第一位;如果是总结性的、综合性的,则放在最后。如果是讨论发言,座谈发言,应交叉安排,以使会场生动活泼。

二是单位平衡。发言单位的选择应首先注意典型性,其次才照顾单位与单位之间的平衡。

三是内容平衡。发言人的内容应都是围绕一个主题内容,不同内容安排在一起不便于集中思考和会后讨论,如果内容属同类,可以只安排一个人发言。

(3) 记录。

会议记录是对发言内容进行的客观文字记录,以便分析、研究、综合、整理,它是会议简报、纪实、决议的主要依据。因此,重要的会议都应当有专人记录。

会议记录有的使用专门印制的会议记录本,有的使用一般的笔记本。不论哪一种,都应当标明会议名称、时间、地点、出席人、列席人、缺席人、主持人、发言人和记录人。

记录分详细记录和摘要记录,均要真实、准确、完整,摘要记录也不要把发言的重点内容、基本主题漏掉。

(4) 选举。

大会如果有选举议程,应当倍加慎重,因为选举是实行民主、平等的一种重要形式,是代表们行使权力的具体体现。选举的流程如下。

1)准备选票。

事前应核对具有投票权的人数,弄清候选人的名单,然后印制选票。选票应印两套,其中一套作为第一次无效时备用。选票应盖上秘书处印章,由专人密封保存。

2)投票。

根据投票人的数量准备投票箱。人数多的会议,投票箱按区分设,要事先划定投票路线和投票顺序。为了避免混乱,在开始投票时可由一个人进行引导,引导每一排上的第一人走上投票路线。

在票箱前要有大会推选的监票人监票。投票前,大会主持人要讲清楚投票注意事项。

3）选举统计。

打开票箱后，先核对投票张数与发票张数是否一致。多于发票数的，则为选举无效，应重新投票。每一张票有效、无效，按大会规定确定。

（5）服务和保卫。

1）音响装置要反复调试，音量、音质调到最佳位置。

2）做好茶水供应。

3）主席台座位要放置小毛巾、铅笔、纸张。

4）会议内外要安排好安全保卫工作。

3. 会议外的工作礼仪

在会期较长的情况下，如几天、十几天，除以上会场上的工作外，会议组织者（主要是秘书处）在会场外还有以下工作要做。

（1）统计人数。

大会开始后，即应精确地统计人员，包括原计划人数、通知人数、报名人数、参加每次会议人数、每次会议缺席人数、投票人数等，还应统计缺席人员的姓名、原因等。

（2）编发简报。

会议期间，为了互通情况，还要编发简报。简报主要依据会议记录来拟写，应意简言赅、印发迅速，及时发给各位代表。

大会秘书部门还要在会议文件工作上做大量工作，如整理发言稿、起草纪要和决议等，还要对文件进行印刷、分发、回收、立卷、存档、保管、备卷等，使会议的进程、面貌、成果得到记载和保存。

（3）组织活动。

对于大型会议，在会外还应安排相应的活动，如座谈会、茶话会、酒会、宴会、接见、留影、祝词、参观、晚会、舞会等。这些活动由秘书部门事先做好日程、人力、物力的安排，做到有条不紊。在安排活动时应注意领导同志的负担能力，过于繁重、密集会影响其主要工作和身体健康。

6.2　会议服务礼仪

6.2.1　服饰仪容礼仪

1. 服饰的类别和要求

统一着工作服，工作服一般要求颜色淡雅一些，深色的服饰会给人一种压抑或过与严肃的感觉；工作服一定要合身，不紧身、不松垮；工作服要定期清洗、熨烫，保持干净平整、无异味。穿与工作性质相符的鞋，会议服务过程中不要发出嗒嗒的响声。

不得穿低领装等，穿着要大方得体；工作期间要正确佩戴胸卡；不得佩戴戒指、手链、手镯、夸张的耳环；不得留长指甲，不涂指甲油；不得喷过于浓厚、刺鼻的香水；不得吃刺激性食物，保持口气清新。

2. 发饰的选择

不得披发，不烫怪异发型，头发保持自然色，统一发式、统一头花。

不得留过长的刘海，一般要求不留刘海，以免低身倒水时刘海会滑落到参会人员脸上，甚至发生头发掉落杯中的事情。

不得用太浓的发胶、发蜡等刺鼻的美发用品。

3. 面容的化妆

选择适当的化妆品，采用与自己气质、脸型、年龄等相符的化妆方法，不得浓妆艳抹。

工作时间精神饱满，面带微笑，给人亲近的感觉。

4. 言谈举止彰显礼貌

（1）接听会议室电话要使用礼貌用语，声音要轻柔，语速不要过快和生硬，可以说"您好，这里是会议服务，请问您有什么需要""请问您贵姓？请问您的联系方式……""请问您还有什么会议要求""好的，再见""您好，请问您是来参加××会议的吗？请您往这边走，会议室在这边""您好，这是您的茶，请慢用"。

（2）会议服务过程中，经常会遇见客人有临时的服务要求，如要求更换茶水、空调温度调低点、喝浓茶、传递物品等，注意观察主客的眼神、举动，服务人员上前要略欠身体轻声问候："你好！请问您有什么事情需要帮助？"

（3）会议期间，客人提出了一些要求，能办到的不能推诿拒绝，尽量去完成，不能完成的要如实、合理地给客人解释。

（4）如电梯间遇见主要领导，要主动打招呼，微笑点头问好，主动按电梯键，尽量不要和领导乘坐同一台电梯。

6.2.2 文明举止

（1）要养成良好的生活习惯，避免各种不雅举动。不要当着客人的面擤鼻涕、掏耳朵、剔牙齿、修指甲、打哈欠、咳嗽、打喷嚏，实在忍不住时要用手捂住口鼻，面朝一边，尽量不要当场发出太大响动。

（2）坐电梯时不能大声说话，应站在电梯按键前，主动为客人服务。

（3）行为大方，见到领导要主动上前问好！在工作现场，员工要举止文明，见到客人要点头、微笑示意。

（4）与客人交谈要面带微笑，言谈有度，态度亲切自然。

（5）在工作期间不得吃零食、打电话、打游戏或者扎堆聊天，不能听音乐或从事其他在工作间不允许的活动。

（6）在会议服务过程中，服务人员走路尽可能不要发出声音，保持良好的站姿、坐姿，不屈膝、驼背、弯腰、跷二郎腿等。

6.2.3 迎宾礼仪

（1）对于重大会议，如需礼仪迎宾活动，会议服务人员应化淡妆，身着礼仪服饰，提前20分钟在会议室门口进行迎宾，将会议室门提前打开；会议召开前几分钟，把门轻轻关上；会场休息的时候要及时将会议室门打开。

（2）迎宾服务一般按照会议的规模、重要性或客人的需要安排2名或4名服务人员，对称站在会议室门口。

（3）站立的时候要双腿并拢，右手轻放在左手上，手肘略向外张，上身要稳，不要双手抱在胸前，身子不要侧歪在一边。挺胸、平视、微笑，对于重要领导或认识的客人，一定要主动问好！会议人员要熟悉会议场内座次的安排，可以快速引导与会人员找到座位。

6.2.4 会议进行中的服务礼仪

1. 倒水和递毛巾

（1）会议服务人员在倒水的时候要面带微笑，动作轻、稳，达到规定要求。

（2）倒水时，服务人员应用食指与中指夹起杯盖，拇指与无名指托起杯把，侧身站在参会人员的右后侧，杯子倾斜45度角，倒8分满即可。

（3）倒水的先后顺序为先客人后主人，如在同一个单位内要先领导后其他人。

（4）在有茶几的接待室内进行倒水服务时，不要用臀部正对客人，应侧身对客人屈腿倒水，饮料要当着客人的面打开。

（5）会议服务人员在行走时要轻、稳，不能让鞋与地面磨出声响，以免影响会议的进行。

（6）小毛巾应在会议召开前10分钟摆好，放在统一的小托盘里，一般可在休会期间更换新的小毛巾。

（7）如客人有需求，可以随时更换新的小毛巾，不要用手直接接触已经消毒好的毛巾，而应使用夹子将毛巾放入托盘，送至客人跟前并摆放整齐。

2. 根据要求上果盘

（1）果盘一般在会前准备就绪，如遇到会议召开期间要求上果盘，事先应该准备多种干果备用。为了在短时间内备好水果，应选择不用清洗的水果，例如香蕉、小橘子等应急。

（2）按照会议人数和客人要求准备水果，一般是两人一盘，每个水果盘内的水果不要超过两种。摆放时把水果光洁美观的一面朝上，水果要搭配摆放，颜色岔开；带皮的水果一起摆放，一般尽可能选择小巧易吃的水果。

（3）如果是大型水果，事先切好备用，备好牙签，使用前要用透明塑料膜包裹，以保鲜，防灰尘落入。

（4）水果清洗必须要彻底，防止发生农药中毒事故，一般要清洗 3 遍以上，可使用专用水果清洗剂，或用盐水浸泡消毒。清洗、摆放水果的时候，一定要使用一次性手套。

3. 添加茶水

（1）15~20 分钟添加茶水 1 次，夏季和冬季客人喝水频率不一，可根据会场人员的需要灵活掌握，但是倒水不能过于频繁，以免影响会议的正常召开。

（2）添加茶水的顺序和初次倒水顺序一样，先客人或领导，后其他人。

4. 物品补充和更换

（1）会议中，烟灰缸内有 3 个烟头就要进行更换，更换时要用干净的替换脏的，先把脏的撤回客人后面，再把干净的放回原处。

（2）会场休息的时候要及时更换毛巾、湿纸巾，将小暖壶水蓄满，将会议桌面一些杂物清理干净，及时补充水果。

5. 客人的特殊需要

（1）会议服务过程中经常会遇见客人有临时的服务要求，要注意观察客人的眼神、举动。

（2）会场外遇到特殊事情需要向领导请示处理时，一般都是小纸条传递，传递完以后一定要及时回复双方。

（3）对客人在会议期间提出的一些要求，能办到的不能推诿拒绝，尽力去完成；不能完成的要如实、合理地给客人解释。

6.2.5　会议结束时的服务礼仪

1. 送客和检查

（1）会议结束后，服务人员应提前在门口顺门把方向站立，送宾。

（2）检查客人是否有遗留物品，如果有物品遗忘要保存好，并通知客人。

（3）检查有无烟头掉落，如有，需及时清理。

2. 整理和保洁

（1）会后及时整理、清扫会议室，达到随时可用，茶杯彻底清洗茶垢并高温消毒。

（2）桌椅恢复原样，摆放整齐。
（3）室内地面、护墙板、踢脚线、桌椅、沙发、茶几、玻璃、窗台、窗框、门、门框、门把手、消毒柜、饮水机等公共设备设施要定期保洁，保持无尘、无污渍。

6.2.6 会务接待服务操作技能

1. 毛巾的叠法

（1）小毛巾的叠法应该视小托盘的形状、大小而定，一般使用较多的是长方形的纯白色瓷器小托盘，正方形小毛巾应对折。

（2）小毛巾使用时必须进行加热消毒，使用夹子取出加热好的毛巾摆放在托盘里。

2. 茶水的服务

（1）会议结束后，要及时使用专用茶杯毛巾将茶杯进行清洗擦拭，并高温消毒，一般消毒20分钟即可。将茶杯摆放好，接到会议通知后，使用专用小勺将茶叶放至茶杯内，一般放1~2勺茶叶即可。茶叶不用时要封好口，以免茶叶受潮，影响使用。

（2）夏季使用绿茶，冬季使用红茶，其他季节可以使用花茶。茶水不宜太浓。

3. 水果拼盘方法

（1）按照会议人员数量、参会人员的级别、水果盘的大小来定水果的标准，尽可能使用应季水果，购买容易食用的水果，不宜太多，减少浪费。

（2）一般带皮的水果放在一个水果盘内，不用剥皮吃的水果放在一个盘内，尽可能买一些小型水果。大型水果一定要事先切好，并备好牙签。

（3）一个水果盘内的水果不要超过两种，颜色要岔开，根蒂朝下摆放，水果盘一般摆放在两人之间，每个人都能方便吃到水果。如果是大型会议需要摆放水果，可在会议室最后一排摆放，客人在休息的时候食用。

（4）凡是有水果会议的会场，湿纸巾、抽纸要备足，并放果皮筒。

6.3 会议人员礼仪

6.3.1 会议组织者的礼仪

1. 目的明确

会议的组织者对会议要达到什么目的要清楚明白，这是精简、高效地开好会议的关键。在向工作人员安排工作任务和向参加会议的代表发出通知时，应当讲清楚，使大家心里有数，这样才能保证会议的基本质量。

2. 日程清楚

会议什么时间开，什么时间结束，哪一天做什么或哪段时间由哪些人讨论哪些问题？这些都要让大家知道，使大家有所准备，事先做好安排。

3. 地点具体

大会、小会、汇报、座谈的场地，应当明确具体地通知与会人，会场门口应有各种明显的指示标志。必要时，可事先印发或张贴会场位置示意图。

4. 准备充分

主持人、工作人员、服务人员的工作要提前安排到位，会议现场布置与会议材料等准备要充分。

6.3.2　会议其他人员的礼仪

1. 主持人

主持人是会议的领导者，一般由具有一定职位的人来担任，其礼仪表现对会议有着重要的影响。主持人的礼仪要求如下。

（1）事先要对内容、程序、时间和人员安排做到心中有数，要介绍到场的重要领导、嘉宾，要控制好会议时间与进程，要把握会议气氛和节奏，要避免会议跑题或议而不决。

（2）对于不同性质和内容的会议，主持人可以表现不同的主持风格：或庄重严肃、或轻松活泼、或欢快喜庆、或严谨隆重、或大方简朴。

（3）思维敏捷，口齿清楚，积极启发，活跃气氛。遇到冷场，要善于启发，或选择思想敏锐、外向型的同志先发言，也可以提出有趣的话题或事例，活跃一下气氛，以引起与会者的兴趣，使之乐于发言；遇有离题情况，可根据具体情况，接过议论中的某一句话，或插上一句话做转接，使议论顺势回到议题上来；当发生争执时，如果事实不清，可让与会者补充事实，如事实仍不甚清，可暂停对该问题的争执。主持人应设法缓和冲突，而不能激化矛盾，更不能直接参加无休止的争吵。

比如，主持记者招待会，对记者提出的问题，主持人要反应敏锐，流利回答，不能支支吾吾；主持座谈会、讨论会等，主持人要阐明会议宗旨和要解决的问题，切实把握会议进程和会议主题，勿使讨论或发言离题太远。

（4）要处处尊重与会者与发言人，对持不同观点、认识的人，应允许其做充分解释，不能以任何动作、表情或语言来阻止别人或表示不满；要用平静的语言、平缓的口气、准确的事实来阐述正确主张，使人心服口服。

（5）走姿。主持人在步入主持位置时，步伐要刚强、有力，表现出胸有成竹、沉稳自信的样子，要视会议内容掌握步伐的频率和幅度。

主持庄严隆重的会议，步频要适中，以每秒约2步为宜，步幅要显得从容；主持热烈、欢快类型的会议，步频要快，每秒在2~2.5步之间，步幅略大；主持纪念、悼念类会议，步频要放慢，每秒在1~2步之间，步幅要小，以表达缅怀、悲痛之情；平常主持工作会议，可根据会议内容等具体情况决定步频、步幅。一般性会议，步频适中、步幅自然；紧急会议、重要会议，可以适当加快步频。行进中要挺胸抬头，目视前方，振臂自然。

（6）站姿与坐姿。站立主持时，应双腿并拢，腰背挺直。单手持稿时，右手持稿的底中部，左手五指并拢、自然下垂。双手持稿时，应与胸齐平。

坐姿主持时，应端正挺直身板，颈项伸直，双臂自然前伸，面对前方，虚视全场，两手轻放于桌沿。主持过程中，切忌出现搔头、揉眼、抱腿等不雅动作。

2. 主席团

主席团成员首先要明确自己的身份和责任，严格要求自己，以身作则。出席会议要守时，绝不可迟到，确实不能按时出席的必须及时请假，通知主持人或有关工作人员。入场要按照顺序入座，不可临时推推让让，故作姿态。如果会场有掌声欢迎，主席团应鼓掌微笑致意。

在会议进行中，不得随意离开、左顾右盼、交头接耳，要精神专注地倾听发言人的发言。需要鼓掌时应当及时鼓掌，鼓掌要随众而起，随众而止，动作要适度，不要显得漫不经心。

散会时，要和大家一起起立，不要提前，也不要落后，然后依次退场。

3. 发言人

发言人是会场的中心人物，对会议的质量有着重要的作用。发言要言之有的、言之有理、言之有物、言之有味，使听众能了解主旨，有所收获。发言人要尊重听众，尊重主持人，遵守会议纪律。发言人要注重仪表和举止，要衣着整洁，举止庄重，表情自然。

发言前，要环顾全场，向听众致意，如有掌声，亦应鼓掌还礼。

发言时，要讲究语速，不快不慢；讲究音量，不高不低；讲究节奏、语气、声调；始终要保持感情充沛，重要的地方要加强语气，提高音调。如果听众精神涣散，应考虑调整语气，稳定情绪，必要时应调整内容，压缩时间。

报告结束时，要向听众和主持人致谢。

4. 会议嘉宾

会议嘉宾与主席团一样，在会场中占有重要位置。嘉宾除了必须像主席团成员那样讲究礼仪外，还应当注意了解会议时间、地点、内容、程序、有关规定和对本人的要求。参加会议要守时、礼貌、客随主便、听从主人安排,切不可马虎了事,敷衍应付,甚至高傲自负。

5. 会议代表、一般与会人员

对于参加会议的代表和一般与会人员,最基本的要求是按时到会,遵守会议纪律。

(1)进入会场,要轻声轻气,动作要轻缓,切勿在会场大声喧哗、嬉笑玩闹等。

(2)尊重发言人,发言人开始和结束发言时要鼓掌致意,重要的贵宾讲话时可以全体起立,并报以鼓掌。发言人发言时,要认真倾听,必要时要作记录。不要交头接耳、左顾右盼。一般不应离席,确实必须离开时,应当向有关人员讲明原因,离席时要弯腰、侧身,尽量少影响他人,并表示歉意。

(3)如果有讨论,最好不要保持沉默,因为这会让人感到你对工作或单位漠不关心。想要发言时应先在心里有个准备,用手或目光向主持人示意或直接提出要求。发言应简明、清楚、有条理、实事求是。可以反驳别人但不要打断对方,应等待对方讲完再阐述自己的见解,别人反驳自己时要虚心听取,不要急于争辩。

实训手册:我们来操作

训练项目

(1)12月15日,你所在的公司要召开一次招商引资的会议,公司让你负责这次会议的筹备工作。请你制订一份详细的工作方案。

(2)后天上午10点,公司派你前往本市最大的酒店参加一个行业高端产品交流会,并要在会议上介绍公司即将推向市场的某产品。请制订出你的详细方案。

(3)请设计会议接待场景并现场表演,表演时间为5分钟。

案例分析

签字仪式

7月15日是甲公司与美国乙公司在多次谈判后达成协议,准备正式签约的日期。甲公司负责签字仪式的现场准备工作,将公司总部10楼的大会议室作为签字现场,在会议室摆放了鲜花,长方形签字桌上临时铺设了深绿色的台布,摆放了中、美两国的国旗,美国国旗放在签字桌左侧,中国国旗放在右侧,签字文本一式两份放在黑色塑料的文件夹内,签字笔、吸墨器文具分别放在两边,会议室空调温度控制在20℃。办公室陈主任检查了签字现场,觉得一切安排妥当,他让办公室张小姐通知公司董事长、总经理等我方签字人员在会议室等待，自己到楼下准备迎接客商。

上午9点，美方总经理一行乘坐一辆高级轿车，准时驶入甲公司总部办公楼，司机熟练地将车平稳地停在楼前，陈主任在门口迎候，他见副驾驶坐上是一位女宾，便以娴熟优雅的姿势先为前排女宾打开车门，并做好护顶姿势，同时礼貌地问候对方。紧接着，陈主任迅速走到右后门，准备以同样动作迎接后排客人，不料，前排女宾已经先于他打开了后门，迎候后排男宾，陈主任急忙上前问候，但明显感觉女宾和后排男宾有不悦之色。陈主任引导客人进入大厅，来到电梯口，他告知客人，董事长在会议室等待。电梯到达10楼后，陈主任按住电梯控制开关，请客商先出，自己后出，然后引导客人到会议室。在会议室等待的甲公司的签字人员在客人进入会议室时，马上起立鼓掌欢迎，董事长急忙从座位上站起，主动向对方客人握手。不料，美方客人在扫视了会议室后，似乎非常不满，不肯就座，好像是临时改变了主意，不想签字了。

讨论

（1）甲公司安排的这次签字活动有不当之处吗？请对其进行评判。

（2）陈主任在迎接礼仪的安排和自己的迎送过程中是否有不到之处？

（3）外方客人不悦和临时变卦的主要原因是什么？

案例分析

接待冷淡，断送生意

泰国某政府机构为泰国一项庞大的建筑工程向美国工程公司招标。经过筛选，最后剩下4家候选公司，泰国人派遣代表团到美国亲自去各家公司商谈。代表团到达芝加哥时，那家工程公司由于忙乱中出了差错，又没有仔细复核飞机到达时间，未去机场迎接泰国客人。泰国代表团尽管不熟悉芝加哥，还是自己找到了芝加哥商业中心的一家旅馆。他们打电话给那位局促不安的美国经理，在听了他的道歉后，同意在第二天上午11点在经理办公室会面。第二天，美国经理按时到达办公室等候，直到下午三点才接到客人的电话说："我们一直在旅馆等候，始终没有人前来接我们。我们对这样的接待实在不习惯，我们已订了下午的机票飞赴下一目的地，再见吧！"

讨论

请指出文中不符合商务礼仪的地方。

模块 7

商务宴请礼仪

7.1 中式宴会礼仪

情境导入

26日下午,某公司的总经理、销售部经理、销售代表一行三人前往佩琪所在公司拜访和洽谈。交谈结束后,公司领导要求行政秘书佩琪负责安排一次中式晚宴,以示欢迎。下午5:30,佩琪来到了公司附近的一家五星级酒店。佩琪知道中式晚宴有诸多礼仪要求,于是她精心地做着每一项准备工作。

我们的任务

思考问题
(1) 在晚宴举行前,佩琪应该做好哪些准备工作?
(2) 佩琪需要着重注意哪些礼仪规范要求?
(3) 佩琪该如何安排参加晚宴的嘉宾座次?

我们的目标

(1) 懂得中式晚宴的礼仪规范。
(2) 熟悉中餐座次及餐单安排技巧。
(3) 具备举办中式晚宴的组织接待能力。

我们来学习

7.1.1 确定宴请的规格

1. 宴会

宴会是一种隆重而正规的、讲究气氛的大型聚餐活动。它往往是为宴请专人而精心安排的，在比较高档的饭店或是其他特定的地点举行。

2. 便宴

便宴是一种非正式宴会。它的形式比较简单，不注重规模、档次。

3. 家宴

家宴，即在家里举行的宴请活动，也就是家常便饭。

4. 工作餐

工作餐是现代生活中经常采用的一种非正式的宴请形式，是在商务交往中具有业务关系的合作伙伴为进行接触、保持联系、交换信息或洽谈生意而通过用餐的形式进行的商务聚会。

7.1.2 确定作陪人员

商务宴请一般讲究对等接待，己方主陪与对方主宾身份要相近，对于高层领导，应由己方主要负责人负责接待。

7.1.3 确定宴请的时间、地点

时间：考虑客人方便，避开重大的节假日，尊重客人习俗和礼仪禁忌。
地点：视宴请的规格、人员、目的等而定。

7.1.4 菜品的安排

菜品应有冷有热，荤素搭配，有主有次，主次分明，量入为出。
根据就餐的支出预算进行点菜；点菜时要懂得搭配之道，适度而不过量。

1. 宜选的菜肴

宜选具有中餐特色的菜肴、具有本地特色的菜肴、本餐馆的招牌菜、主人的拿手菜等。

2. 禁忌的菜肴

饮食方面的禁忌有4种：宗教禁忌、地方禁忌、职业禁忌、个人禁忌。应根据宴请对象的具体情况而定。

标准的中餐菜单结构一般包括餐前菜（开胃菜），通常是 4 种冷盘组成的大拼盘；汤（羹汤）；主菜（大菜）；面类或米饭；点心（甜点）；水果。

7.1.5　中餐的席位排列

1. 桌次排列

（1）两桌组成的小型宴请。

当两桌横排时，面对正门右边的为第一桌、左边的为第二桌，即遵循以右为尊、以左为卑的原则。

当两桌竖排时，桌次高低讲究离正门越远越高，离门越近越低，即遵循以远为上、以近为下的原则。

（2）三桌或三桌以上的宴请活动。

在安排多桌宴请的桌次时，要注意以门定位、以右为尊、中间为大、以远为上等原则。

当三桌横排时，中间那桌的桌次最高，面对正门的右边的桌次为第二，最左边的桌次为第三，即遵循居中为大、以右为尊的原则。

当三桌竖排时，中间的那桌为第一桌，接着是离门最远的为第二桌，最后是离门最近的为第三桌，即遵循以中为大、以远为上的原则。

当三桌以上的桌次进行排列时，讲究以门定位、以右为上、居中为上、以远为上等原则。

2. 位次排列

（1）每桌只有一个主位的排列方法。

一般遵循面门为上、以右为尊的原则。主人在主位上就座，第一主宾坐在主人的右手位置，第二主宾坐在主人的左手位置，其余客人按此顺序排列下去。

（2）每桌有两个主位的排列。

如果每桌有两个主位，第一主人坐在面对正门的位置，第一、第二主宾分别坐在其右手和左手的位置；第二主人则坐在背对正门的位置，第三、第四位客人分别坐在其右手和左手的位置。

总的来说，位次排列主要遵循以下原则。

1）面门为上。

2）右高左低。

3）中座为尊。

4）观景为佳。

5）临墙为好。

7.1.6　中餐的餐具准备和用餐礼仪

中餐的餐具主要有杯、盘、碗、碟、筷、匙。

辅餐具有水杯、湿巾、水盂、牙签等。

1. 使用筷子应避免的问题

（1）三长两短。在用餐前或用餐过程当中，将筷子长短不齐地放在桌子上这种做法是大不吉利的，通常叫"三长两短"。

（2）击盏敲盅。这种行为被看作乞丐要饭，其做法是在用餐时用筷子敲击盘碗。因为过去只有乞丐才用筷子击打要饭盆。

（3）颠倒乾坤。用餐时将筷子颠倒使用，这种做法是非常被人看不起的。

（4）当众上香。把一副筷子插在饭中，会被人视为大不敬，因为传统中为已故之人上香时才这样做。

（5）交叉十字。这一点往往不被人们所注意，在用餐时将筷子随便交叉放在桌上是不对的，人们认为这就像在饭桌上打叉子，是对同桌其他人的全部否定。

（6）其他。拿筷子的位置要适中，忌讳拿得过高或过低。和人交谈时，要暂时放下筷子，不能一边说话，一边像指挥棒似的舞着筷子。

2. 使用勺子应注意的问题

（1）取食物时不要过满。

（2）在舀取食物后，不能使汤汁往下流。

（3）如果食物太烫，不可用勺子舀来舀去，更不能用嘴吹，可以先放到自己碗里，等凉了再吃。

（4）不要把勺子塞到嘴里，或者反复吮吸、舔食。

3. 使用食碟应注意的问题

（1）用食碟时，一次不要取放过多的菜肴，不要把多种菜肴堆放在一起。

（2）不吃的残渣、骨、刺应轻轻放在食碟前端。

（3）如果食碟放满了，可以让服务员更换。

4. 使用湿巾应注意的问题

高档中餐宴会用餐前，服务员会为每位用餐者上一块湿毛巾。它只能用来擦手。擦手后，应该将其放回盘子里，由服务员拿走。在正式宴会结束前，服务员会再上一块湿毛巾，它只能用来擦嘴和手。湿巾不能用来擦脸、擦汗。

5. 剔牙时应注意的问题

（1）尽量不要当众剔牙。非剔不行时，用另一只手掩住口部。剔出来的东西，不要当众观赏或再次入口，也不要随手乱弹、随口乱吐。

（2）剔牙后，不要长时间叼着牙签，更不要用来扎取食物。

6. 使用水盂应注意的问题

在宴席上，上鸡、海鲜、水果时，有时会送上一个小水盂（铜盆、瓷碗或水晶玻璃缸），水上漂有玫瑰花瓣或柠檬片，供洗手用。洗手时两手轮流沾湿指头，轻轻涮洗，然后用餐巾或小毛巾擦干。

7.1.7 赴宴礼仪

1. 席间礼仪

（1）进餐前，女士要抹掉自己的口红；食物应小口小口地送入口中，细嚼慢咽，而不要大口大口地狼吞虎咽。

（2）汤、菜太烫时，不要用嘴去吹，应放在碗里等凉后再吃。

（3）喝汤的时候，不要发出"呼噜呼噜"的响声。

（4）嘴里有食物时不要说话。

（5）手势、动作幅度不宜过大，更不能用餐具指向他人。

（6）使用餐具时，动作要轻，不要相互碰撞。

（7）不要伸懒腰、打哈欠、毫无控制地打饱嗝。

2. 席间祝酒

敬酒时应按身份由高而低，或者按座次顺序依次进行；碰杯的时候，主人与主宾先碰，人多的时候可同时举杯而不用逐一碰杯；身份较低的人举杯应低于身份较高的人，男士举杯应略低于女士酒杯。

主人祝词时应暂停饮酒或进餐。

无论是主人还是来宾，如果是在自己的座位上向集体敬酒，就要首先站起身来，面带微笑，手拿酒杯，面朝大家。

当主人向集体敬酒、说祝酒词的时候，所有人应该停止用餐或喝酒。主人提议干杯的时候，所有人都要端起酒杯站起来，互相碰一碰。敬酒不一定要喝完，但即使平时滴酒不沾的人，也要抿一下酒杯，以示对主人的尊重。

别人向你敬酒的时候，要将酒杯举到双眼高度，在对方说了祝酒词或"干杯"之后再喝。喝完后，还要手拿酒杯和对方对视一下，这一过程才结束。

主人亲自向你敬酒后，要回敬主人。回敬的时候，要右手拿着杯子，左手托底，和对方同时喝。可以象征性地和对方轻碰一下酒杯，不要用力过猛，出于尊重，可以使自己的酒杯低于对方酒杯。如果和对方相距较远，可以以酒杯杯底轻碰桌面，表示碰杯。

7.1.8 中餐中的注意事项

（1）无论站姿、坐姿都要端正，脚不可随意向前伸直，手肘不得靠近桌的边缘，或将手放在邻座的椅背上。

（2）不要东依西靠，不要跷二郎腿，更不要晃来晃去。

（3）切忌用手指或刀叉指指点点；不能随便脱掉上衣、松开领带或挽起袖子。

（4）宴会上严禁随地吐痰、扔烟头；应尽量避免在餐桌上咳嗽、打喷嚏。咳嗽、剔牙、打喷嚏时应用手或餐巾把嘴遮住，万一忍不住打了喷嚏应说声"对不起"。

（5）吃到不洁或有异味的食物不可直接吐出，应用筷子从嘴里托出，放入食碟；尚未就餐前若发现盘中的菜肴有昆虫或碎石，不要大惊小怪，宜候侍者走近，轻声告知侍者更换。

（6）就餐过程中，不宜抽烟；切忌用手指剔牙。

7.1.9 宴会结束时的礼仪和结账礼仪

宴请宾朋，最讲究迎来送往。话别时，主人要真诚感谢众宾客的光临。

结账时，如果是在餐桌结账，只需对服务人员说"麻烦买单"，或举手示意即可；如果是在柜台结账，结账者需早点离席结账，不要让同席人等待；如果是上司或者年长者请客，一般不必回请，但要郑重道谢。

【案例1】

小王的好朋友从国外回来了，王海很热情地请他和他的妻子来家中吃饭。席间小王不顾好友夫妇的一再推托，非常热情地为好友夫妇夹菜。小王自己在吃肉骨头的时候突然有肉渣钻进了牙缝，于是他拿起桌上的牙签，当众剔牙，还将剔出的肉渣放在了桌上。

王海的表现是否符合礼仪规范，他应该怎样做才正确？

【案例2】

小严今天心情特别好，要去参加同学聚会。聚会时气氛非常热烈，大家都在回忆过去的美好时光。吃饭时，小严发现曾住他下铺的小武吃饭时发出"吧唧吧唧"的声音，还边吃边说，唾沫横飞。吃完后，小武伸了伸懒腰，做出很满足的样子，打了一个响嗝，小严的心情顿时暗淡下来。

小严的心情为什么会顿时暗淡下来？针对此案例谈谈你的看法。

实训手册：我们来操作

训练项目7.1 选择饭店

请根据佩琪接到的中餐商务宴请的任务，在广州市内选择一个合适的饭店确定今晚的主要菜品和上菜顺序，并说明缘由。

训练项目7.2 根据情境导入中的案例，分组完成以下4个方面的内容

（1）佩琪确定宴会的规格和经费预算、就餐时间、就餐地点，简介所选餐厅的主要特色。

(2) 服务员介绍菜品的安排和座次的安排，画图展示座次的安排。
(3) 介绍用餐礼仪的要点，包含餐具使用礼仪、祝酒礼仪、用餐注意事项。
(4) 宴会结束时的礼仪和结账礼仪。

注明小组成员的分工，所有组员都要参与实训，每组至少一名服务员、一名解说员，在展示的过程中讲解相关的中餐礼仪，其他用餐人员也需要讲解中餐的礼仪要点和规范。

小组之间互评，指出其他组存在的规范和不规范的地方。

7.2　西式宴会礼仪

情境导入

28日下午，行政经理邀请外籍客户 Jane 前往某西餐厅参加晚宴，佩琪需做好就餐前的准备并陪同行政经理赴宴。

我们的任务

思考问题

(1) 佩琪在筹备西式晚宴的过程中需要做好哪些准备工作？
(2) 西餐礼仪与中餐礼仪有哪些区别？
(3) 佩琪参加西式晚宴应该注意哪些礼仪规范要求？

我们的目标

(1) 懂得西式宴请的礼仪规范。
(2) 熟悉西餐座次及餐具使用技巧。
(3) 具备举办西式宴会的组织接待能力。

我们来学习

7.2.1　赴宴前的准备

1. 仪容仪表

注意仪表整齐，正式场合用餐切忌衣衫不整。

2. 遵守时间

按照约定的时间准时到场。

7.2.2 西餐的位次与座次

1. 位次

在绝大多数情况下，西餐的桌次问题，更多地表现为位次问题。桌次问题，除非是极其隆重的盛宴，一般涉及较少，主要讨论位次问题。

（1）女士优先。在排定用餐位次时，尤其是安排家宴时，主位一般应请女主人就座，而男主人则须退居第二主位。

（2）恭敬主宾。即使用餐的来宾之中有人在身份、年纪方面高于主宾，但主宾仍是主人关注的中心。在排定位次时，应请男、女主宾分别紧靠着女主人和男主人就座，以便使其进一步受到照顾。

（3）以右为尊。就某一特定位置而言，其右侧之位理应高于其左侧之位。例如，应安排男主宾坐在女主人右侧，安排女主宾坐在男主人右侧。

（4）距离定位。西餐桌上的尊卑，往往与其距离主位的远近密切相关。距离主位近的位子高于距离主位远的位子。

（5）面门为上。面门为上，又叫迎门为上，它指的是面对餐厅正门的位子通常在序列上要高于背对餐厅正门的位子。

（6）交叉排列。男女应当交叉排列，生人与熟人也应当交叉排列。这要求用餐者最好是双数，并且男女人数应当各占一半。

2. 座次

西餐桌有圆桌、方桌和长桌，有时还会以这些形状的餐桌拼成其他各种图案，不过最常见、最正规的西餐桌当属长桌。

（1）长桌。男女主人在长桌中央对面而坐。餐桌两端可以坐人，也可以不坐人。

男女主人分坐于两侧时位次的排列如图7-1所示。

以长桌所拼成的餐桌上的位次排列如图7-2所示。

（2）圆桌。在西餐里，使用圆桌排位的情况并不多见，在隆重而正式的宴会里更加罕见。其具体排列基本上是各项规则的综合运用，如图7-3所示。

（3）方桌。以方桌排列位次时，就座于餐桌四面的人数应当相等。在一般情况下，一桌坐8人、每侧各坐2人的情况比较多见。在进行排列时，应使男女主人与男女主宾对面而坐，所有人均各自与自己的恋人或配偶坐成斜对角，如图7-4所示。

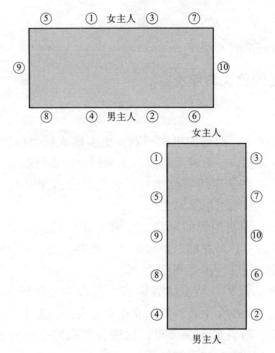

图7-1 男女主人分坐于两侧时的位次排列

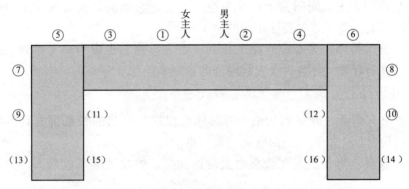

图7-2 以长桌拼成餐桌时的位次排列

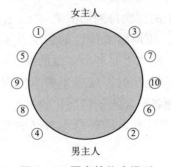

图7-3 圆桌的位次排列

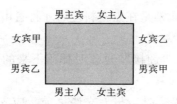

图 7 -4　方桌的位次排列

7.2.3　西式宴会进餐礼仪

1. 西餐礼仪注意事项

进餐厅时由服务生领入座位,处处体现女士优先(男士要为女士拉椅子)。进餐时,手肘不能放在桌子上,包不可放在桌子上;谈话要低音,谈轻松话题;需要远离自己的调料时,由服务生或旁边的人代拿;口内有食物时不要交谈;用餐中切勿使用手机,不可补妆。

2. 餐具

(1) 餐具的摆放。

餐具的摆放如图 7 -5 所示。

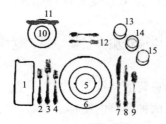

1 - 餐巾;2 - 鱼叉;3 - 主菜叉;4 - 沙拉叉;5 - 汤杯及汤底盘;
6 - 主菜盘;7 - 主菜刀;8 - 鱼刀;9 - 汤匙;10 - 面包及奶油盘;11 - 奶油刀;12 - 点心匙及点心叉;13 - 水杯;14 - 红酒杯;15 - 白酒杯

图 7 -5　餐具的摆放

(2) 餐具使用的原则。

从外侧往内侧取用刀叉;要左手持叉,右手持刀;切东西时用左手拿叉按住食物;使用刀时,刀刃不可向外;千万不可手执刀叉在空中挥舞摇晃,也不可一手拿酒杯,另一只手拿叉取菜。

(3) 餐巾。

餐巾放在腿上;中途离开时,餐巾放在座椅的椅面上。女主人把餐巾放在腿上意味着宴会开始,放在桌子上意味着结束。餐巾是为了防止衣服弄脏而准备的,大部分都没有折痕,皱褶的餐巾适合放在桌上。在西餐厅,一开始就将餐巾打开是违反餐桌礼仪的。通常是在点完料理后才将餐巾打开。

餐巾有以下 4 种用途。

1）用来为服装保洁，"迎接"进餐时掉落下来的菜肴、汤汁，以防止其弄脏衣服。

2）用来揩拭口部。用餐时，与人交谈之前，应先用餐巾轻轻地揩一下嘴。女士在进餐前，以餐巾轻印一下口部，以除去唇膏。通常不应以餐巾擦汗、擦脸，擦手也要尽量避免。需要特别注意就是，不要用餐巾去擦餐具。

3）用来掩口遮羞。以左手拿起餐巾挡住口部，然后再以右手剔牙或是右手持餐叉接住"出口"之物，再将其移到餐盘前端。

4）用来进行暗示。在用餐时，餐巾可用以进行多种特殊暗示，最常见的分为 3 种。

第一种，暗示用餐开始。西餐大都以女主人为"带路人"，当女主人铺开餐巾时，就等于在宣布用餐可以开始了。

第二种，暗示用餐结束。当主人，尤其是女主人把餐巾放在餐桌上时，意在宣告用餐结束，请各位告退。其他用餐者吃完了的话，亦可以此法示意。

第三种，暗示暂时离开。若中途需要暂时离开，一会儿还要回来继续用餐，可将餐巾放置于本人座椅的椅面上。见到这种暗示，侍者就不会马上动手"撤席"，而会维持现状不变。

注意：当餐巾掉落时，应该让服务员换一条，这样才卫生健康。

（4）刀叉。

使用刀叉进餐是西餐最重要的特征。

刀叉，是对餐刀、餐叉两种餐具的统称。二者既可以配合使用，也可以单独使用。在多数情况下，刀叉是配合使用的。

学习刀叉的使用，主要是要掌握刀叉的区别、刀叉的用法、刀叉的暗示 3 个方面的问题。

1）刀叉的区别。

在西餐宴会上，通常讲究吃一道菜要换一副刀叉。

享用西餐正餐时，一般情况下，出现在每位用餐者面前在餐桌上的刀叉主要有：吃黄油所用的餐刀，吃鱼所用的刀叉，吃肉所用的刀叉，吃甜品所用的刀叉等。它们不但形状各异，而且摆放的具体位置各不相同。

吃黄油所用的餐刀，没有与之相匹配的餐叉。它的正确位置是横放在用餐者左手的正前方。

吃鱼所用的刀叉和吃肉所用的刀叉，应当餐刀在右、餐叉在左，分别纵向摆放在用餐者面前的餐盘两侧。餐叉的具体位置，应在吃黄油所用的餐刀的正下方。

吃甜品所用的刀叉应最后使用，它们一般被横向放置在用餐者面前的餐盘的正前方。

2）刀叉的用法。

在以刀叉用餐时，应注意以下几点。

第一，在切割食物时，不可以弄出声响。

第二，进行切割时，要切记双肘下沉，切勿左右开弓。

第三，被切割好的食物，应刚好适合一下子入口，切不可叉起它后再一口一口咬着吃。应当用餐叉吃，不能用刀扎着它吃。

第四，注意刀叉的朝向。将餐刀临时放下时，不可刀口外向。双手同时使用刀叉时，叉齿应当朝下；右手持叉进食时，则叉齿应向上。

第五，掉落到地上的刀叉切勿再用，可请侍者另换一副。

3）刀叉的暗示。

使用刀叉，可以向侍者暗示用餐者是否吃好了某一道菜肴。与人攀谈时，应暂时放下刀叉，将刀叉按刀右叉左、刀口向内、叉齿向下的原则，呈汉字的"八"字形摆放在餐盘之上。它的含义是：此菜尚未用毕。注意，不可将其交叉放成"十"字形。

如果吃完了，或不想吃了，则可以刀口内向、叉齿向上，刀右叉左地并排纵放，或者刀上叉下地并排横放在餐盘里。这种做法等于告诉侍者：本人已经用好此道菜，请他连刀叉带餐盘一起收掉。

（5）餐匙。

品尝西餐时，餐匙是一种不可或缺的餐具。学习餐匙的使用，应重点掌握其区别、用法两大问题。

在西餐的正餐里，一般会至少出现两把餐匙，它们形状不同，用途不一，位置也有各自的既定之处。使用餐匙时，应注意以下事项。

1）餐匙除可以饮汤、吃甜品外，不可直接舀取其他任何主食、菜肴。

2）已经开始使用的餐匙，切不可再放回原处，也不可将其插入菜肴、主食，或是令其"直立"于甜品、汤盘或红茶杯中。

3）使用餐匙时，尽量保持其周身的干净、清洁。

4）用餐匙取食时，动作应干净利索，切勿在甜品、汤或红茶之中搅来搅去。

5）用餐匙取食时，不要过量，而且一旦入口就要一次将其吃完，不要将一餐匙的东西反复品尝好几次。餐匙入口时，应以其前端入口，而不是将它全部塞进嘴去。

6）不能直接用茶匙去舀取红茶饮用。

3. 西餐的上菜顺序

（1）头盘。

头盘也称为开胃菜，一般有冷盘和热头盘之分，常见的品种有鱼子酱、鹅肝酱、熏鲑鱼、焗蜗牛等。因为要开胃，所以开胃菜一般都具有特色风味，味道以咸和酸为主，而且数量较少，质量较高。

（2）汤。

西餐的汤分为清汤及浓汤，较正式的餐厅在供应清汤时使用椭圆形汤匙及汤杯，供应浓汤时使用圆形汤匙及宽口汤盘。

用汤匙舀汤时应由内经外侧舀食。喝汤时，不能发出声音，不可用嘴将汤吹凉。绝对不可将汤碗捧起来喝汤。

（3）主菜。

1）西冷牛排，也叫沙朗牛排，是指肉质鲜嫩又带油花嫩筋的牛肉，基本上取自于牛背脊一带最柔嫩的牛肉，具体位置不同，风味也各有千秋。沙朗牛排肉质鲜嫩且香甜多汁，富有口感；含一定肥油；由于是牛外脊，在肉的外延带一圈白色的肉筋；总体口感韧度强，肉质硬。

食用技巧：切肉时连筋带肉一起切，不要煎得过熟。

2）肋眼牛排，取自于牛肋脊部位，即牛骨边上的肉。肋眼牛排或许不像腰脊肉那样嫩，但骨边肉向来好吃，油油嫩嫩的肉丝中夹着有劲的油筋，比沙朗耐嚼。

推荐火候：三至七分熟。

3）菲力牛排，也称嫩牛柳、牛里脊，取自于牛的里肌肉（即腰内肉），运动量少，肉质最嫩，油脂少，因每头牛就一小条而显得珍贵。口感好但没有嚼头，并且烹煮过头就显得老涩，一般切得比较厚。

推荐火候：三至七分熟。

4）T骨牛排，呈T字型，是牛背上的脊骨肉。T型骨头两侧的肉一边量多一边量少，量多的是西冷，量稍小的便是菲力，选择T骨牛排可以说是一举两得。

（4）沙拉。

沙拉又译作色拉、沙律，主要有三类，分别为水果沙拉、蔬菜沙拉、其他沙拉。沙律作为一种西式餐点中的调味类小点，随着制作原料的日益扩大和制作方法的家庭化，品种越来越多。即使是同一种主料及几种配料，稍加变化，比如切法及配料程序的改变，也会变成另一种沙拉。沙拉是用各种凉透的熟料或是可以直接食用的生料加工成较小的形状后，再加入调味品或浇上各种冷沙司或冷调味汁拌制而成的。沙拉的原料选择范围很广，各种蔬菜、水果、海鲜、禽蛋、肉类等均可用于沙拉的制作。但要求原料必须新鲜细嫩，符合卫生要求。沙拉大都具有色泽鲜艳、外形美观、鲜嫩爽口、解腻开胃的特点。

（5）甜品。

西式甜品，特指正餐之后的那一道甜点。与甜点对应的是开胃菜，后者很少有甜的，种类上也远不如甜点丰富。

图 7-6 甜品

（6）饮品。

西餐的最后一道一般是饮品，比如咖啡、茶或者餐后酒等。咖啡一般要同时配有糖和淡奶油，以便客人按照个人喜好自行调味。西式的茶也与中式的茶不同，可加糖、牛奶、柠檬汁等。

图 7-7 饮品

4. 食用甜点与咖啡的礼仪

蛋糕用刀叉食用。

喝咖啡时，用汤匙把咖啡搅匀以后，应把汤匙放在碟子外边或左边，不可将汤匙与咖啡杯一起端起，不可用汤匙饮用咖啡。

饮咖啡时应当放下点心，吃点心时则放下咖啡杯。

5. 西餐喝酒的顺序

（1）餐前酒：饮用后能刺激人的胃口，增加食欲。

（2）佐餐酒：有白葡萄酒、红葡萄酒、玫瑰红葡萄酒、强化葡萄酒和香槟酒。一般情况下，红肉配红酒，白肉配白酒。

（3）餐后酒：餐后饮用能帮助消化。

6. 西餐中的举止

（1）交际要等距离，和附近的人都要有交谈，不要只和一个人说话。

（2）肢体不能频频晃动。

（3）餐具不能发出声音。

（4）主人和主宾一定要招呼。

（5）必须与邻座交际。

（6）想认识想要结交的人最好是找人引见。

【补充】

1. 葡萄酒的种类

（1）红葡萄酒。

红葡萄酒是选择皮红肉白或皮肉皆红的酿酒葡萄，采用皮汁混合发酵，然后进行分离陈酿而成的葡萄酒。这类酒的色泽应成自然宝石红色、紫红色、石榴红色等。

饮用温度：新鲜红葡萄酒为 12~14 ℃；陈年红葡萄酒为 15~18 ℃。

（2）白葡萄酒。

白葡萄酒是选择白葡萄或浅红色果皮的酿酒葡萄，经过皮汁分离，取其果汁进行发酵酿制而成的葡萄酒，这类酒的色泽应近似无色，浅黄带绿，浅黄，禾秆黄。

饮用温度为 8~12 ℃。

2. 特色西餐原料

（1）松露。

松露多数在阔叶树的根部着丝生长，其块状主体藏于地下 5~40 厘米。松露对生长环境的要求极其苛刻，所以非常珍稀昂贵。松露富含蛋白质、18 种氨基酸、不饱和脂肪酸、多种微量元素，有增强人体抵抗力、改善睡眠、调节内分泌等作用。

（2）鱼子酱。

在法国，鱼子酱的定义非常精确，只有鲟的鱼卵才有资格制成鱼子酱。它含有多种矿物质和维生素，有强体、美容的功效。

（3）鹅肝。

肥鹅肝脂肪含量可高达 60% 左右，但肥鹅肝以不饱和脂肪为主，易为人体所吸收利用，并且食后不会发胖，还可降低人体血液中的胆固醇含量。

（4）蜗牛。

法国蜗牛具有高蛋白、低脂肪的特点，含有多种维生素、微量元素和人体无法合成的氨基酸。蜗牛有清热、解毒、消肿等作用，能调节血压，预防心脑血管疾病，长期食用还能养颜美容。

（5）奶酪。

奶酪是牛奶经浓缩、发酵而成的奶制品。它基本上排除了牛奶中大量的水分，保留了其中营养价值极高的精华部分，被誉为乳品中的"黄金"。

（6）黄油。

黄油又叫牛油，是一种从牛奶中获得的乳制品，营养极其丰富，含脂率较高。

植物黄油会产生大量的反式脂肪酸，比黄油的营养价值低，容易诱发糖尿病。

（7）奶油。

奶油是从牛奶中分离出来的脂肪和其他成分的混合物，是制作黄油的中间产物，含脂率较低。

【友情提示】

（1）吃西餐时，账单不加服务费，通常给15%的服务费。

（2）如果几个人一同外出吃饭，通常是各自支付自己那一份。如果不敢肯定，可以在结账之后问一声。

（3）如果朋友邀请你晚上到他家里做客或吃晚饭，一般做法是带一件不太昂贵的礼物，例如鲜花、巧克力或一瓶餐酒。

实训手册：我们来操作

根据情境导入的内容，分组帮佩琪做一份招待方案，要求包含以下四个方面的主要内容。

（1）确定宴会的规格、就餐时间、就餐地点。

（2）菜品的安排和座次的安排（用画图展示座次的安排）。

（3）用餐礼仪的要点，包含餐具使用礼仪、祝酒礼仪、用餐禁忌。

（4）宴会结束时的礼仪和结账礼仪要点。

注明小组成员的分工，每组至少一名服务员、一名解说员。在展示的过程中，解说员需及时讲解相关的西餐礼仪。

模块 8

国际商务礼仪概述

情境导入

佩琪是某高职院校的毕业生，女，25岁，性格温和、稳重，在广州一家知名企业任职。乔治是某高职院校的大二学生，男，21岁，为人开朗直爽，风趣幽默，即将开始在广州一家知名的电商企业的实习。近期两人要作为公司的职工参加广交会，接待外宾，洽谈合作事宜。让我们和佩琪、乔治一起，开展我们的涉外商务礼仪学习！

我们的任务

思考问题
(1) 什么是涉外礼仪？
(2) 如何在外事活动中展现良好的礼仪修养？
(3) 在外事活动中经常会出现哪些失礼的举动？

我们的目标

(1) 掌握涉外交往的基础知识。
(2) 了解各国的礼仪常识。
(3) 了解各国礼仪禁忌。
(4) 明确涉外礼仪的重要性，做一个懂礼貌、讲礼仪的人。

我们来学习

8.1 涉外交往的原则

在西方，礼仪一词最早见于法语的 Etiquette，原意为"法庭上的通行证"。

它进入英文后，就有了礼仪的含义，即"人际交往的通行证"。人类为了维持与发展血缘亲情以外的各种人际关系，避免格斗或战争，逐步形成了各种与格斗、战争有关的动态礼仪。如为了表示自己手里没有武器，让对方感觉到自己没有恶意而创造了举手礼，后来演进为握手；为了表示自己的友好与尊重，愿在对方面前"丢盔弃甲"，于是创造了脱帽礼等。

8.1.1 基本要求

在参与涉外交往活动时，应时刻意识到自己是国家、民族、单位组织的代表，做到不卑不亢。自己的言行应当端庄得体，既不应该表现得畏惧自卑、低三下四，也不应该表现得自大狂傲、放肆嚣张，应谨慎又不拘谨，主动又不盲动，注意慎独自律又不手足无措。

讲究仪表与衣帽整洁，面、手、衣履要洁净。男子的头发、胡须不宜过长，应修剪整齐。指甲要经常修剪，一般与指尖等长，不留污垢，保持手部清洁。衣着要整洁笔挺，不能有褶皱，纽扣均应整齐，裤扣不能在室外或公共场合整理。要按交际场所或交际需要着装。礼服、领带或领花应结好，佩戴端正，并备洁净手绢与梳子。皮鞋应擦亮。不要在人前做剔牙、抠鼻、掏耳、剪指甲、搔痒等不雅的小动作，也不要在人前打哈欠、伸懒腰、打喷嚏、擦鼻涕、咳嗽。打喷嚏时应用手帕或餐巾纸捂住口鼻，面向一旁，避免发出大声响。

举止大方得体，态度和蔼端庄，精神饱满自然，站、坐、走都要符合常规。说话客气，注意身份。说话时神情矜持和蔼，面带微笑。随便与人攀谈是失礼行为，应在有人介绍后开始交谈。

遵守公共秩序，不打搅、影响别人。不随意指责别人或给别人造成麻烦或不便，发表议论与指责别人会被认为缺乏教养。在图书馆、博物馆、医院、教堂等公共场所都应保持安静。在隆重的场合，如仪式、演讲、演出等，要保持肃静。

守约遵时是国际交往中极为重要的礼貌。参加各种活动，均应按约定时间到达。过早抵达，会使主人因准备未毕而难堪；迟迟不到，则因让主人和其他客人等候过久而失礼。因故迟到，要向主人和其他客人表示歉意。万一因故不能应邀赴约，要有礼貌地尽早通知主人，并以适当方式表示歉意。

8.1.2 原则

1. 尊重对方习俗

在涉外交往中，要真正做到尊重交往对象，就必须了解和尊重对方的风俗习惯。做不到这一点，对于交往对象的尊重、友好和敬意，便无从谈起。首先必须充分地了解与交往对象相关的习俗，即其在衣食住行、言谈举止、待人接物等方面所特有的讲究与禁忌。其次，必须充分尊重交往对象所特有的种种习俗，既不能少见多怪，妄加非议，也不能以我为尊，我行我素。

2. 维护自身形象

（1）国家形象。对于外事人员而言，维护祖国的形象，在任何时间、任何地点、任何情况下，都是第一位的。

（2）个人形象。在涉外活动中，要做到仪表规范，落落大方。在涉外场合，必须注意修饰仪表，举止大方，尊重其他国家和地区的风俗习惯。

3. 热情真诚

待人热情不仅意味着对待交往对象有诚意，也要体现出对对方的友好、关怀与热诚。但是，必须有一个"度"，不能太过热情而使对方为难。

4. 尊重隐私

尊重隐私实际是热情有度的顺理成章的推论。所谓尊重隐私，主要是在国际交往中主动尊重每一位交往对象的个人隐私，不询问其个人秘密，不打探其不愿公开的私人事宜。在国际社会里，尊重隐私与否已被公认为一个人在待人接物方面有无个人素质的基本标志。在涉外交往中，尊重隐私具体表现为人们在交谈中的"八不问"：①不问收入支出；②不问年龄大小；③不问恋爱婚姻；④不问身体健康；⑤不问家庭住址；⑥不问个人经历；⑦不问信仰政见；⑧不问所忙何事。

5. 礼貌用语

使用礼貌用语是讲礼仪的重要表现，能传达爱心与礼节，使说话人更被人敬重。"您好""请""谢谢""对不起""再见"在国际交往中要经常使用。

几乎任何需要麻烦他人的事情，都应该说"请"。

只要别人为你做了什么，都应该说声"谢谢"。

凡是不小心妨碍或干扰了别人，都要说"对不起"。

"再见"不仅是同事、朋友、家人之间相互告辞时的礼貌用语，也是陌生人之间接触后相互告辞时的礼貌用语。

6. 注重信誉

在国际社会里，人们十分重视交往对象的信誉，讲究"言必信，行必果"。

（1）慎重许诺。在涉外交往中，对外方人士所作出的所有正式承诺都必须是在思考后认为可以做到的，切勿草率许诺，也不要使承诺模棱两可。

（2）严守约定。在国际社会中，信用就是形象。答应对方的事情，就一定要努力恪守约定；作出的承诺，就一定要努力兑现。

7. 女士优先

女士优先是国际社会尤其是西方国家所通行的交际惯例之一。在社交场合，女士优先主要应在下列方面得以表现。

（1）尊重女性。与女性交谈时，要使用尊称。涉及具体内容时，谈话亦不应令在场的女性难堪。排定礼仪序列时，应将女性列在男性之前。

（2）照顾女性。在一切社交活动中，男性均应细心地照顾女性。就座时，应请其选择上座；用餐时，应优先考虑其口味。

（3）关心女性。外出之际，男性要为女士携带重物。出入房间时，男性要为女士开门、关门。在女士面前，任何时候都不允许男子吸烟。

（4）保护女性。在一切艰难、危险的条件下，男性均应竭尽全力保护女性。通过危险路段时，男性应走在前面。在马路上行走时，男性则应行走于外侧。任何危险之事，男性均应主动承担。

8.2　部分国家的礼仪

1. 日本

无论在职场或是在谈判活动中，日本人都使用敬语进行交流。敬语主要包括三大部分：尊敬语、谦让语和郑重语。尊敬语用于对方或第三者的行为、事物、状态等，以抬高其身份。谦让语用于自己一方指向对方或第三者的行为、事物等，以抬高所指向对象的身份。郑重语表示对谈话或者写作对象的礼貌。日语口语表达特点之一就是根据说话人和听话人、进入话题中的人物之间的上下关系和亲疏关系等，来选择得体的语言表达。在日语中，这叫待遇表现。待遇表现是日语敬语的一个重要部分，是语言上一种定型的表达方式。

日本是一个注重礼仪的国家，在日常生活中常互致问候，脱帽鞠躬，表示诚恳。初次见面，向对方90度鞠躬，而不一定握手。如果是老朋友或比较熟悉的人就主动握手，甚至拥抱。遇到女宾，女方主动伸手才可以握手。如果需要谈话，应到休息室或房间交谈。

日本人平时穿着大方整洁，在正式场合一般穿礼服，男子大多穿成套的深色西服，女子穿和服。在天气炎热的时候，不随便脱衣服，如果需要脱衣服，要先征得主人的同意。在一般场合，只穿背心或赤脚被认为是失礼的行为。和日本人谈论茶道是非常受欢迎的。茶道，是日本人用来修身养性、进行交际而特有的沏茶、品茗的技艺，是一种讲究礼仪、陶冶情操的民间习俗。他们喝茶不直接把茶叶放进茶杯，而是放到小巧玲珑的茶壶里。倒的时候，用一个小过滤网防止茶叶进入杯里，而且总以半杯为敬，一般不再续茶。

不管家里还是餐馆里，坐位都有等级，一般听从主人的安排就行。日本商人比较重视建立长期的合作伙伴关系。他们在商务谈判中十分注意维护对方的面子，同时希望对方也这样做。

日本人对中国的绍兴酒、茅台酒非常感兴趣,不吃松花蛋;用筷子很讲究,筷子都放在筷托上,还有"忌八筷"的习俗,就是不能舔筷、扭筷、剔筷、插筷、跨筷、掏筷。同时,还忌用同一双筷子让大家依次夹取食物,也不能把筷子垂直插在米饭里。把书法作品或是精美的印章送给日本人,是受欢迎的。

2. 韩国

在正式交际场合,韩国人一般采用握手作为见面礼。韩国人在不少场合同时采用先鞠躬、后握手的方式。

韩国人讲究礼貌,待客热情。见面时,一般用咖啡、不含酒精的饮料或大麦茶招待客人,有时候还加上适量的糖和淡奶。韩国人初次见面时,经常交换名片。韩国很多人养成了通报姓氏的习惯,并和"先生"等敬称联用。韩国人谈业务,往往在旅馆的咖啡室或附近类似的地方举行。大多数办公室都有一套会客用的舒适的家具,在建立密切的工作关系之前,举止合乎礼仪是至关重要的。

如果去韩国人家里做客,按习惯要带一束鲜花或一份小礼物,用双手奉上,主人不能当着赠送者的面把礼物打开。进到室内,要把鞋子脱掉留在门口。韩国的农历节日和我国差不多,也有春节、端午节、中秋节。韩国人以米饭为主食,早餐也习惯吃米饭,还喜欢吃辣椒、泡菜,吃烧烤的时候要加辣椒、胡椒、大蒜等辛辣的调味品。韩国人对边吃饭边谈话非常反感,公共场所不大声说笑,特别是女性,笑的时候还用手帕捂着嘴,防止出声失礼。

3. 新加坡

新加坡人十分讲究礼貌礼节,服务质量很高。新加坡华裔在礼仪方面和我国相似,而且还保留了我国古代传统,比如两人见面时相互作揖,通常的见面礼节是鞠躬、握手。在新加坡随地吐痰、扔弃物都要受到法律制裁。

4. 菲律宾

菲律宾人在社交场合与客人相见时,无论男女都习惯以握手为礼。在与熟人或亲朋相见时,一般都很随便,有的男性朋友之间相逢时以拍肩膀示礼。年轻人与长辈相见时,要吻长辈的手背,以示对老人的敬重;年轻姑娘见长辈时,则要吻长辈的两颊为礼;晚辈遇见长辈时,说话前要把头巾摘下放在肩上,深深鞠躬,并称呼长辈为"博"(意为大爷)。

去别人家里做客时,如果送礼的话,比如鲜花,应在到达时就献上。按惯例,在参加晚宴或其他社交集会之后要送去一件礼品或一封感谢信。宴席上,给主人最大的赞美是吃得津津有味,应回避的话题是政治、宗教、腐败现象等。菲律宾人的家庭观念特别强烈,所以关于他们家庭成员的谈话往往很受欢迎。

5. 泰国

泰国人的待人接物有许多约定俗成的规矩。朋友相见,双手合十,互致问候。晚辈向长辈行礼时,双手合十举过前额,长辈也要合十回礼。年纪大或地位高的人还礼时,双手不必高过前胸。行合十礼时,双手举得越高,表示尊重程度越高。从坐着的人们面前走过时,要略微躬身,表示礼貌。

6. 印度尼西亚

印尼人初次见面都要交换名片,他们在拿东西给人家或者向别人拿东西的时候,都要用右手而不用左手,也不用双手。

印尼人喜欢客人到他们的家中做客访问。和别人谈话或进别人家里,都要摘下太阳镜。拜访印尼商人时要带上礼物,收下礼物即意味着承担了某种责任。如果印尼人家里铺着地毯,在进屋前要把鞋脱掉。

印尼人爱吃大米饭和中国菜,早餐一般吃西餐,爱喝红茶、葡萄酒、香槟酒、汽水等。

7. 印度

印度人相见应递英文名片,英语是印度的商业语言。主客见面时,都要用双手合十在胸前致意。到印度家庭做客,进门必须脱鞋。迎接贵客时,主人常献上花环,套在客人的颈上,花环的大小、长度视客人的身份而定。献给贵宾的花环既粗又长,超过膝盖;给一般客人的花环仅到胸前。到印度家庭做客时,可以带水果和糖果作为礼物,或给主人的孩子们送点礼品。

8. 美国

美国人一般性情开朗,乐于交际,不拘礼节。第一次见面不一定行握手礼,有时只是笑一笑,说一声"Hi"或"Hello"就算有礼了。握手的时候习惯握得紧,眼要正视对方,微弓身,认为这样才算是礼貌的举止。在美国,如果有客人夜间来访,主人穿着睡衣接待客人被认为是不礼貌的行为;当被邀请去老朋友家做客时,应该预备小礼物。如果要登门拜访,必须先打电话约好;名片一般不随便送给别人,只是在双方想保持联系时才送。当着美国人的面想抽烟,必须问对方是否介意,不能随心所欲。

美国人一般乐于在自己家里宴请客人,而不习惯在餐馆请客。不喜欢过烫、过热的菜肴,喜欢少盐味,稍以偏甜为好。喜欢喝可口可乐、啤酒、冰水、矿泉水、威士忌、白兰地等。不喜欢别人在自己的餐碟里剩食物,认为这是不礼貌的。

在美国,忌讳问个人收入和财产情况,忌讳问妇女婚否、年龄以及服饰价格等私事,特别忌讳赠送带有你公司标志的便宜礼物,因为这有做广告的嫌疑。

9. 加拿大

加拿大人因受欧洲移民的影响,他们的礼貌礼节和英、法两国差不多。在日常生活中,加拿大人的着装以欧式为主;上班的时间,他们一般要穿西服、套裙;参加社交活动时往往要穿礼服或时装;在休闲场合则讲究自由穿着,只要自我感觉良好即可。握手被认为是一种友好的表示,一般在见面和临别时握一下就行，不必反复握手。公务时间，加拿大人很注意个人仪表和卫生，所以，他们希望客人也能这样。

加拿大人有邀请亲朋好友到自己家中共进晚餐的习惯，收到这种邀请应当理解为是主人主动显示友好之意。如果被邀到别人家做客，明智的选择是给主人送点鲜花。加拿大人以肉食为主，特别爱吃奶酪和黄油；重视晚餐，饮食上讲究菜肴的营养和质量，注重菜肴的鲜和嫩；口味一般不喜在太咸，偏爱甜味；习惯饭后喝咖啡和吃水果。

10. 澳大利亚

澳大利亚人办事认真爽快，喜欢直截了当；待人诚恳、热情，见面时喜欢热情握手，称呼名字；乐于结交朋友。他们崇尚友善，并谦逊礼让，重视公共道德，组织纪律强，时间观念强，赴约准时并珍惜时间。做客可以赠送葡萄酒和鲜花。

澳大利亚人的饮食习惯、口味和英国人差不多。家常菜有煎蛋、炒蛋、火腿、脆皮鸡、油爆虾、熏鱼、牛肉等。在澳大利亚，啤酒是最受欢迎的饮料，达尔文城的居民便以喝啤酒闻名。澳大利亚人往往邀请友人一同外出游玩，他们认为这是密切双方关系的捷径之一。

澳大利亚人喜欢体育活动，游泳和日光浴是最受欢迎的。跑马，是非常受澳大利亚人欢迎的话题。

11. 英国

英国是绅士之国，讲究文明礼貌，注重修养，同时也要求别人对自己有礼貌。英国人注意衣着打扮，什么场合穿什么服饰都有一定惯例。见面时，对尊长、上级和不熟悉的人用尊称，并在对方姓名前加上职称、衔称或先生、女士、夫人、小姐等，亲友和熟人之间常用昵称。初次相识的人相互握手，微笑，并说"您好"。在人多的时候，人们一般不行拥抱礼。人们交往时常用"请""对不起""谢谢"等礼貌用语，即使家庭成员间也一样。

英国人不喜欢咸味，爱甜、酸、微辣味，对烧、煮、蒸、烙、焗和烘烤等烹调方法制作的菜肴偏爱，喜欢中国的京菜、川菜、粤菜。他们普遍喜爱喝茶，下午茶几乎成为英国人的一种必不可少的生活习惯。他们还喜欢喝威士忌、苏打水、葡萄酒和香槟酒，有时还喝啤酒和烈性酒，彼此间不劝酒。

12. 法国

法国人热情开朗，初次见面就能亲热交谈，而且滔滔不绝。法国人讲究服饰美，特别是妇女穿得非常时尚，特别喜欢使用化妆品。和法国人约会必须事先约定时间，准时赴约是有礼貌的表示，但不要提前。鲜花对法国人也是很好的礼品选择。法国人在公共场所不能有懒散动作，不能大声喧哗。

法国的烹调世界闻名，用料讲究，花色品种繁多，口味特点香浓味原、鲜嫩味美，注重色、形和营养。法国人烹调时用酒比较重，肉类菜烧得不太熟，配料喜欢用蒜、丁香、香草、洋葱、芹菜、胡萝卜等。

13. 德国

德国人纪律严明，讲究信誉，待人热情，十分注重感情，爱好音乐。重视称呼是德国人在人际交往中的一个鲜明特点。对德国人称呼不当，通常会令对方大为不快。一般情况下，切勿直呼德国人的名字。应称其全称，或仅称其姓也可以。和德国人交谈时，切勿疏忽对"您"与"你"这两种人称代词的使用。在德国，称"您"表示尊重，称"你"则表示地位平等、关系密切。

德国人对发型较为重视，男士不宜剃光头；德国少女的发式多为短发或披肩发，烫发的妇女大半是已婚者。德国人注意衣着打扮，外出时候必须穿戴整齐、清洁；见面打招呼必须称头衔，不直呼名字；约会准时，时间观念强；待人热情、好客、态度诚实可靠；宴席上，男士坐在妇女和地位高的人的左侧，女士离开和返回饭桌时，男子要站起来以示礼貌；请德国人进餐，事先必须安排好；接电话要首先告诉对方自己的姓名。

14. 意大利

在意大利，如果有人打喷嚏，旁边的人马上会说"祝你健康"。另外，当着别人面打喷嚏或咳嗽被认为是不礼貌的事，所以本人要马上对旁边的人表示"对不起"。女士受到尊重，特别是在各种社交场合，女士处处优先。

意大利人热情好客，待人接物彬彬有礼。在正式场合，穿着十分讲究。见面礼是握手或招手示意；对长者、有地位和不太熟悉的人，要称呼他的姓，加上"先生""太太""小姐"和荣誉职称。和意大利人谈话要注意分寸，一般谈论工作、新闻、足球，不要谈论政治。

15. 俄罗斯

俄罗斯人性格开朗、豪放、集体观念强。他们和人见面，大都行握手礼，拥抱礼也是他们常用的一种礼节。俄罗斯人也有施吻礼的习惯，但对不同人员、在不同场合，所施的吻礼也有一定的区别：在朋友之间，一般吻面颊者，长辈对晚辈以吻额头表示亲切和慈爱；男子对特别尊敬的已婚女子一般多行吻手礼，以示谦恭和崇敬。在俄罗斯，主人给客人吃面包和盐，是最殷勤的表示。俄罗斯人一般对晚餐要求较简单，对早、午餐较重视。在待客中，常以"您"表示尊敬和客气；而对亲友往往则用"你"相称，认为这样显得放松，同时还表示出对亲友的亲热和友好。外出时，十分注重仪容仪表，衣扣要扣得完整，男子外出活动时一定要把胡子刮净；赴约要准时；在社交场合，处处表现尊重女性。和俄罗斯人说话，要坦诚，不能在背后议论其他人，更不能说他们小气；对妇女要十分尊重，忌讳问年龄和服饰价格等。

应邀去俄罗斯人家里做客时可带上鲜花或烈性酒，送艺术品或图书作礼品是受欢迎的。女主人对来访客人带给她的单数鲜花是很欢迎的；男主人则喜欢高茎、艳丽的大花。在俄罗斯，不能在街上丢弃任何东西，一张过期的电影票也不行。

俄罗斯人重视文化教育，喜欢艺术品和艺术欣赏。所以，艺术是个很受欢迎的话题。

16. 埃及

埃及人正直、爽朗、宽容、好客。他们往往以幽默的心情来应付严酷的现实生活。晚餐在日落以后和家人一起共享，所以在这段时间内，有约会是失礼的。

埃及人通常以不发酵的平圆形埃及面包为主食，进餐时与煮豆、白乳酪、汤类一并食用。他们喜食羊肉、鸡肉、鸭肉、鸡蛋以及豌豆、洋葱、南瓜、茄子、胡萝卜、土豆等。在口味上，一般要求清淡、甜、香、不油腻，串烤全羊是他们的佳肴。他们习惯用自制的甜点招待客人，客人如果是谢绝一点也不吃，会让主人失望。

在埃及，男士不要主动和妇女攀谈，不要夸人身材苗条；不要称道埃及人家里的东西，否则对方会认为你在向他索要。

17. 南非

在社交场合，南非人所采用的普遍见面礼节是握手礼，他们对交往对象的称呼则主要是"先生""小姐"或"夫人"。在城市里，南非人的穿着打扮基本西化了。大凡正式场合，他们都讲究着装端庄、严肃。南非黑人通常还有穿着本民族服装的习惯。不同部族的黑人，在着装上往往会有自己不同的特色。

南非当地白人以吃西餐为主，经常吃牛肉、鸡肉、鸡蛋和面包，爱喝咖啡和红茶。而黑人喜欢吃牛肉、羊肉，主食是玉米、薯类、豆类，喜欢吃熟食。南非著名的饮料是如宝茶。在南非黑人家里做客，主人一般送上刚挤出的牛奶或羊奶，有时是自制的啤酒。客人一定要多喝，最好一饮而尽。

18. 尼日利亚

位于西非东南部，是西非的"天府之国"。尼日利亚有许多部族，其习俗与文化传统有很大差别，所以他们的生活方式也截然不同。施礼前，总习惯先用大拇指轻轻地弹一下对方的手掌再行握手礼。尼日利亚人和人交谈的时候，从不盯视对方，也忌讳对方盯视自己，因为这是不尊重人的举止。

实训手册：我们来操作

（1）熟悉涉外商务礼仪的基本原则。

（2）掌握国外主要国家的商务礼仪常识。

训练项目 8.1　分组讨论在复杂多变的商务场合如何提升个人交际能力。

训练项目 8.2　以书面的形式提交商务人员涉外礼仪报告。

训练项目 8.3　重点分析商务人员如何熟练运用交际手段与技巧提升个人涉外交际能力。

案例分析

"左撇子"风波

李小姐与同事一同前往东南亚的一个国家进行商务访问，一到目的地她们就受到东道主的热烈欢迎。在欢迎宴会上，主人亲自为每一位中国客人递上一杯当地的特产饮料以示敬意。轮到李小姐时，身为左撇子的李小姐不假思索地抬起自己的左手去接饮料，没想到主人神色骤变，并没把饮料递到李小姐的手里而是重重地放在了桌子上便转身离去了。

问题：请问主人为什么态度骤变？李小姐做错了什么？

分析：东南亚许多国家都认为用左手递送物品是对对方的不尊重，所以当李小姐用左手去接饮料时主人态度骤变。这提示我们在跟不同国家和民族的人打交道时必须事先了解当地的风俗习惯。

模块 9

知行合一：商务礼仪综合实训

1. 商务礼仪期末实训考试要求（提前 2 周）

现场抽签选择相应的章节，所有人员正装出席。以小组为考核单位，以情景模拟的形式展示该章节的商务礼仪主要知识内容。

要求每个小组上交该实训考核的主要方案，需包含小组组员分工、商务礼仪的展示形式、整个实训的主要内容。电子版由学习委员收集好发到老师的邮箱。

2. 商务礼仪实训考试内容的抽签（提前 2 周）

（1）商务人员个人形象设计 + 商务会面礼仪。

（2）商务人员个人形象设计 + 求职面试礼仪。

（3）商务人员个人形象设计 + 中餐宴请礼仪。

（4）商务人员个人形象设计 + 西餐宴请礼仪。

（5）商务人员个人形象设计 + 商务会务礼仪。

（6）商务人员个人形象设计 + 国际商务礼仪。

3. 商务礼仪期末实训考试的准备（提前 1 周）

（1）修改实训方案，要求明确实训场景的内容和人员分工，以及商务礼仪的展现形式。

（2）改好的实训方案再发给老师，根据老师的意见做二次修改。

（3）把实训考试的练习拍成视频发给老师。

4. 商务礼仪实训考试方案（现场考试的要求）

每个小组的考试时间为 6~8 分钟，超过时间即结束实训。

每个小组选派一名代表作为评委，采取避嫌原则进行评分，即只给其他组评分，不给本组评分。评委在评分的过程中，应遵循公平、公正的原则。打分时请在评分表上注明组别和实训主题，现场计分，按照平均分登记成绩。

5. 商务礼仪期末实训评分表

组别：　　　　　　　　　　实训章节：

项目	评分细则	分数	得分
内容	内容编排合理	15	
	角色扮演得体	15	
	礼仪动作规范	15	
	商务礼仪展示规范	15	
组织	小组分工合理，配合默契	10	
演示技巧	服饰符合要求	10	
	语言表达生动流畅	10	
	仪容、仪表、仪态规范	10	
总分		100	

6. 商务礼仪自测题

一、单项选择题

1. 标准站姿的要求不包括（　　）。
   A. 端立　　　　　　　　　B. 身直
   C. 肩平　　　　　　　　　D. 腿并
2. 穿着套裙的"四大禁忌"不包括（　　）。
   A. 穿黑色皮裙　　　　　　B. 裙、鞋、袜不搭配
   C. 穿白色套裙　　　　　　D. "三截腿"
3. 女士穿着套裙时，做法不正确的是（　　）。
   A. 不穿黑色皮裙　　　　　B. 可以选择尼龙丝袜或羊毛高筒袜或连裤袜
   C. 袜口不能没入裙内　　　D. 可以选择肉色、黑色、浅灰、浅棕的袜子
4. 对手部的具体要求有四点：清洁、不使用醒目甲彩、不蓄长指甲和（　　）。
   A. 腋毛不外现　　　　　　B. 不干燥
   C. 不佩戴烦琐的首饰　　　D. 以上都不对
5. 公务式自我介绍需要包括（　　）四个基本要素。
   A. 单位、部门、职务、电话　B. 单位、部门、地址、姓名
   C. 姓名、部门、职务、电话　D. 单位、部门、职务、姓名
6. 介绍他人时，不符合礼仪的先后顺序是（　　）。
   A. 介绍长辈与晚辈认识时，应先介绍晚辈，后介绍长辈
   B. 介绍女士与男士认识时，应先介绍男士，后介绍女士
   C. 介绍已婚者与未婚者认识时，应先介绍已婚者，后介绍未婚者
   D. 介绍来宾与主人认识时，应先介绍主人，后介绍来宾

7. 握手时（　　）。
   A. 用左手
   B. 戴着墨镜
   C. 使用双手与异性握手
   D. 时间不超过三秒

8. 关于握手的礼仪，描述不正确的是（　　）。
   A. 先伸手者为地位低者
   B. 客人到来之时，应该主人先伸手；客人离开时，客人先握手
   C. 下级与上级握手，应该在下级伸手之后再伸手
   D. 男士与女士握手，男士应该在女士伸手之后再伸手

9. 以下不符合上饮料的规范顺序的是（　　）。
   A. 先宾后主
   B. 先尊后卑
   C. 先男后女
   D. 先为地位高、身份高的人上饮料，后为地位低、身份低的人上饮料

10. 送名片的方式是（　　）。
    A. 双手或者右手
    B. 双手
    C. 右手
    D. 左手

11. 以下做法不正确的是（　　）。
    A. 一男士把自己的名片递给一女士。该男士走向女士，右手从上衣口袋取出名片，两手捏其上角，正面微倾递上
    B. 一女士把自己的名片递给一男士。该男士双手接过，认真默读一遍，然后道："王经理，很高兴认识您！"
    C. 一男士与一女士见面，女士首先伸出手来与男士相握
    D. 一青年男士与一中年男士握手，中年男士首先伸出右手，青年与之相握，双方微笑、寒暄

12. 在没有特殊情况时，上下楼应（　　）行进。
    A. 靠右侧单行
    B. 靠左侧单行
    C. 靠右侧并排
    D. 靠左侧并排

13. 一般而言，上下楼宜（　　）行进，以（　　）为上，但男女通行时，上下楼宜令（　　）居后。
    A. 单行、前、男
    B. 并排、后、男
    C. 单行、前、女
    D. 并排、后、女

14. 以下做法错误的是（　　）。
    A. 一女士陪三四位客人乘电梯，女士先入、后出
    B. 一男一女上下楼，女后，男先
    C. 一男一女在公司门口迎候客人，一客人至，男女主人将其夹在中间行进，至较狭之处，令客人先行

D. 室内灯光昏暗，陪同接待人员要先进、后出

15. 公务用车时，上座是（   ）。
 A. 后排右座   B. 副驾驶座
 C. 司机后面之座   D. 以上都不对

16. 接待高级领导、重要企业家时人们会发现，轿车的上座往往是（   ）。
 A. 后排左座   B. 后排右座
 C. 副驾驶座   D. 司机后面的座位

17. 对于座次的描述不正确的是（   ）。
 A. 后排高于前排   B. 内侧高于外侧
 C. 中央高于两侧   D. 两侧高于中央

18. 会客时，上座位置排列的几个要点是（   ）。
 A. 面门为上、以右为上、居中为上、前排为上、以远为上
 B. 面门为下、以左为上、居中为上、前排为上、以远为上
 C. 面门为上、以左为上、居中为上、后排为上、以远为上
 D. 面门为上、以右为上、居中为上、前排为上、以近为上

19. 以下不属于会议室常见的摆台方式是（   ）。
 A. 戏院式   B. 正方形
 C. 课桌式   D. U 型

20. 当你的同事不在，你代他接听电话时，应该（   ）。
 A. 先问清对方是谁
 B. 先记录下对方的重要内容，待同事回来后告诉他处理
 C. 先问对方有什么事
 D. 先告诉对方他找的人不在

二、多项选择题

1. 仪容的自然美包括（   ）。
 A. 体现不同年龄阶段的某些自然特征
 B. 保持个人面容的独特性
 C. 男士接待贵客要着西装
 D. 保持面容的红润、光泽
 E. 要适当化妆

2. 仪表对人们形象规划的作用包括（   ）。
 A. 自我标识   B. 修饰弥补
 C. 包装外表形象   D. 表明审美情趣。

3. 在正式场合，男士穿西服要求（   ）。
 A. 要扎领带
 B. 露出衬衣袖口

C. 钱夹要装在西服上衣内侧的口袋中

D. 穿浅色的袜子

E. 穿西服背心，扣子都要扣上

4. 在正式场合，男士穿的西服有3个扣子，只能扣（　　）。

A. 下面1个　　　　　　　B. 中间1个

C. 上面1个　　　　　　　D. 3个都扣

E. 3个都不扣

5. 商务会面中，正式称呼即（　　）。

A. 行政职务　　　　　　　B. 技术职称

C. 地方性称呼　　　　　　D. 泛尊称

6. 自我介绍应注意的有（　　）。

A. 先介绍再递名片

B. 先递名片再介绍

C. 初次见面，介绍不宜超过5分钟

D. 初次见面，介绍不宜超过2分钟

E. 先介绍自己，再让对方介绍

F. 先让对方自我介绍，再自我介绍

7. 介绍一般可分为介绍自己、介绍他人、介绍集体。下列说法不正确的是（　　）。

A. 正式的自我介绍中，单位、部门、职务、姓名缺一不可

B. 介绍双方时，先卑后尊

C. 介绍集体时，则应当自卑而尊

D. 以上说法都不正确

8. 介绍两人相识的顺序一般是（　　）。

A. 先把上级介绍给下级　　　B. 先把晚辈介绍给长辈

C. 先把主人介绍给客人　　　D. 先把早到的客人介绍给晚到的客人

9. 介绍他人或为他人指示方向时的手势应该用（　　）。

A. 食指　　　　　　　　　B. 拇指

C. 掌心向上　　　　　　　D. 手掌与地面垂直

10. 在与人交谈时，双方应该注视对方的（　　）才不算失礼。

A. 上半身　　　　　　　　B. 双眉到鼻尖，三角区

C. 颈部　　　　　　　　　D. 脚

11. 名片使用中，以下描述错误的是（　　）。

A. 与多人交换名片时，由远而近，或由尊而卑进行

B. 向他人索取名片宜直截了当

C. 递名片时应起身站立，走上前去，使用双手或者右手将名片正面对着对

方后递给对方

    D. 若对方是外宾，最好将名片上印有英文的那一面对着对方

12. 握手的伸手先后顺序是（　　）。

    A. 晚辈与长辈握手，晚辈应先伸手

    B. 男女同事之间握手，男士应先伸手

    C. 主人与客人握手，一般是客人先伸手

    D. 电视节目主持人邀请专家、学者进行访谈时握手，主持人应先伸手

13. 双方通电话，应由（　　）先挂断电话。

    A. 主叫　　　　　　　　　　B. 被叫

    C. 尊者　　　　　　　　　　D. 不要求，谁先讲完谁先挂，最好同时挂

14. 电话通话过程中，以下说法正确的有（　　）。

    A. 为了不影响他人，不使用免提方式拨号或打电话

    B. 为了维护自己形象，不边吃东西边打电话

    C. 为了尊重对方，不边看资料边打电话

    D. 以上说法都不正确

15. 打电话应注意的礼仪问题主要包括（　　）。

    A. 选择恰当的通话时间　　　B. 通话目的明确

    C. 安排通话内容　　　　　　D. 挂断电话时注意礼貌用语

    E. 不直接回答对方问话

16. 以下做法正确的是（　　）。

    A. 室内灯光昏暗，陪同接待人员要先进、后出

    B. 一男一女上下楼，女后，男先

    C. 出入无人值守的电梯时，陪同人员先进、先出

    D. 以上说法都正确

17. 对于汽车上座描述正确的有（　　）。

    A. 社交场合，主人开车，副驾驶座为上座

    B. 商务场合，专职司机开车，后排右座为上（根据国内交通规则而定），副驾驶座为随员座

    C. 双排座轿车有的上座为司机后面那个座位

    D. 在有专职司机驾车时，副驾驶座为末座

18. 下列座次安排错误的是（　　）。

    A. 领导面向会场时，右为上，左为下

    B. 宾主相对而坐，主人面向正门，客人在背门一侧

    C. 签字时，主人在左边，客人在主人的右边

    D. 宴请时，主宾在主人右手边，副主宾在主人左手边

19. 敬酒的正确顺序是（　　）。

A. 主人敬主宾、陪客敬主宾、主宾回敬、陪客互敬

B. 主人敬主宾、主宾回敬、陪客敬主宾、陪客互敬

C. 主宾敬主人、陪客敬主宾、主人回敬、陪客互敬

D. 主宾敬主人、主宾敬陪客、陪客回敬、陪客互敬

20. 重要会务接待需要注意（　　）。

A. 饮料准备需一冷一热，一瓶一杯

B. 有外籍客人还要考虑有中有外

C. 以饮料招待客人的标准方式应为封闭式问题，而非开放式问题

D. 上饮料的规范顺序应该是先宾后主，先尊后卑

参 考 文 献

[1] 惠特摩尔. 最权威商务礼仪课［M］. 姜岩，译. 石家庄：河北教育出版社，2008.
[2] 布伦南. 21世纪商务礼仪［M］. 朱晔，应莱，孙显辉，译. 北京：中国计划出版社，2004.
[3] 金正昆. 商务礼仪教程［M］. 3版. 北京：中国人民大学出版社，2009.
[4] 周朝霞. 商务礼仪［M］. 3版. 北京：中国人民大学出版社，2014.
[5] 许湘岳，蒋璟萍，费秋萍. 礼仪训练教程［M］. 北京：人民出版社，2012.
[6] 金正昆. 商务礼仪概论［M］. 北京：北京大学出版社，2006.
[7] 张岩松，李桂英. 现代商务礼仪［M］. 北京：清华大学出版社，2009.
[8] 李兰英，肖云林. 商务礼仪［M］. 上海：上海财经大学出版社，2007.
[9] 姜红，侯新冬. 商务礼仪［M］. 上海：复旦大学出版社，2009.